AF341384

CONTRIBUTION A L'ÉTUDE HISTORIQUE ET CRITIQUE

DE

LA NOTION DE QUASI-DÉLIT

PAR

Yvonne CHASTAIGNET

LAURÉATE DE LA FACULTÉ DE DROIT DE BORDEAUX

DOCTEUR EN DROIT

BORDEAUX

IMPRIMERIE DE L'UNIVERSITÉ

Y. CADORET

17, RUE POQUELIN-MOLIÈRE 17

1927

PRÉFECTURE DE LA GIRONDE — DÉPÔT LÉGAL — Nº 545

CONTRIBUTION A L'ETUDE HISTORIQUE ET CRITIQUE

DE

LA NOTION DE QUASI-DÉLIT

PAR

Yvonne CHASTAIGNET

LAURÉATE DE LA FACULTÉ DE DROIT DE BORDEAUX

DOCTEUR EN DROIT

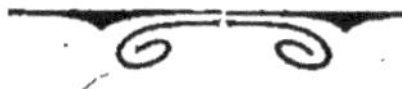

BORDEAUX

IMPRIMERIE DE L'UNIVERSITÉ

Y. CADORET

17, RUE POQUELIN-MOLIÈRE 17

1927

CONTRIBUTION A L'ÉTUDE HISTORIQUE ET CRITIQUE

DE LA

NOTION DE QUASI-DÉLIT

INTRODUCTION

En écrivant son ouvrage sur la notion de quasi-contrat, M. Vizioz a voulu, ainsi qu'il nous en a lui-même averti (1), combler une lacune qui existait à cet égard dans l'étude des sources des obligations.

Aucun auteur, en effet, avant lui, n'avait songé à explorer d'une manière complète et scientifique l'obscur domaine du quasi-contrat.

Or, une autre notion est intimement liée à celle de quasi-contrat, notion que ce terme évoque immédiatement à l'esprit : c'est celle de quasi-délit.

Certes, toute la différence qui sépare l'acte licite de l'acte illicite creuse entre ces deux notions un fossé infranchissable, mais toutes deux apparaissent comme les sœurs infé-

____

(1) Vizioz, *La notion de quasi-contrat. Étude historique et critique,* thèse Bordeaux, 1912, Introduction, p. VII.

rieures du contrat et du délit, et c'est à ce titre qu'on a accoutumé de les associer.

Cette association se présente avec une telle intimité que le silence dont les auteurs ont enveloppé le quasi-contrat, ils l'ont aussi manifesté à l'égard du quasi-délit.

Il n'est assurément pas discutable que la notion de délit et de faute a été retournée sous toutes ses faces durant ces dernières années et qu'elle continue à l'être, autant et plus en jurisprudence qu'en doctrine (1). Mais aucun ouvrage, aucun traité spécial, aucune thèse même, à notre connaissance, ne s'est attaché à l'étude du quasi-délit proprement dit, depuis que ce terme a trouvé place dans notre Code civil.

Il faut reconnaître d'ailleurs que ce dernier lui-même a donné l'exemple à ses commentateurs. Dans les seuls articles **1310** et **1370**, où il soit fait mention de l'expression quasi-délit, le Code nous parle des délits ou quasi-délits, et tandis qu'il consacre le chapitre premier de son titre quatrième uniquement aux quasi-contrats, il traite à la fois dans le chapitre second du même titre des délits et des quasi-délits.

On a donc l'impression, à la simple lecture comparative de ces rubriques, que le Code ne fait pas de séparation nette entre le délit et le quasi-délit et qu'il traite celui-ci comme un dérivé de celui-là (2).

------

(1) Vizioz, *op. cit.*, p. VI.

(2) C'est bien là l'idée des rédacteurs du Code civil. Treilhard, *Exposé des motifs dans Fenet*, t. XIII, p. 462 sq., et *Discours du Tribun Tarrible devant le Corps législatif*, p. 465-467, 482. Également Zachariæ, *Cours de droit civil français* revu par Aubry et Rau, 2ᵉ édit., t. III, p. 194, § 446; Baudry-Lacantinerie et Barde, *Traité de droit civil*, 5ᵉ édit., Paris, 1908, t. IV, *Des obligations*, p. 535, nᵒ 2852.

Et si maintenant la curiosité nous vient de rechercher à quelle place les rédacteurs du Code civil nous ont donné une définition de cette source d'obligation, il nous faut constater avec surprise qu'elle ne figure nulle part.

Il est vrai qu'aux dires de certains cependant, les définitions du délit et du quasi-délit seraient respectivement données par les articles 1382 et 1383. Mais en réalité le Code n'exprime ici aucune définition précise (1).

Il faut recourir aux ouvrages de doctrine et à la jurisprudence pour apprendre que le quasi-délit, acte illicite comme le délit, s'en différencie dans notre droit par l'élément psychologique, le délit supposant chez celui qui s'en rend coupable un dol, c'est-à-dire une intention méchante, tandis que le quasi-délit, quoiqu'il soit imputable à son auteur, naît d'une simple négligence ou d'une imprudence non intentionnelle (2).

Remarquons ici, en supposant admis les termes de cette définition, que l'article 1382 nous semble plutôt poser le principe de la responsabilité quasi délictuelle que celui de la responsabilité délictuelle, comme on se plaît habituellement à le dire : en effet, cet article parle de la simple faute, sans faire allusion à aucune intention dolosive.

Tous les auteurs sont aussi d'accord pour n'attribuer à cette source illicite d'obligation qu'une importance secondaire.

---

(1) Planiol, *Classification des sources des obligations, Revue critique de législation et de jurisprudence,* 1904, p. 224 sq.

(2) Aubry et Rau, *Cours de droit civil français,* 5ᵉ édit., t. VI, p. 362 sq.; Planiol, *Traité de droit civil,* 8ᵉ édit., p. 263 sq.; Colin et Capitant, *Cours élémentaire de droit civil français,* 3 vol., 3ᵉ édit., Paris, 1921, t. II, p. 361 sq.; Demogue, *Traité des obligations en général,* Paris, 1923. I. *Sources des obligations,* t. III, p. 359, nᵒ 224.

Ils la considèrent comme une notion inutile s'absorbant dans celle de délit et plus généralement d'acte illicite ou de faute ; c'est déjà, comme nous venons de le voir, ce que semble exprimer le Code civil (1).

Il est évident qu'en matière civile la notion d'intention ne présente pas, dans l'appréciation du dommage et de la réparation qu'il doit comporter, le même intérêt qu'elle suscite en matière pénale, ce qui s'explique aisément par la séparation étanche qui établit le droit moderne entre ces deux points de vue. Et pratiquement, il est difficile de trouver une utilité réelle à la distinction traditionnelle des actes illicites en délits et quasi-délits (2).

Mais il n'en demeure pas moins vrai que pour déterminer la valeur de la notion de quasi-délit et porter sur elle ce jugement de condamnation aussi grave que radical, il fallait motiver cette décision en recherchant les origines, l'évolution et la portée historique d'une pareille notion.

Ces études préliminaires sont, en effet, indispensables à l'intelligence des institutions du droit moderne, et telle notion, qui de prime abord semble devenue aujourd'hui lettre morte, peut s'éclairer d'un tout autre jour si on l'examine à la lumière de l'histoire.

C'est pourquoi, connaissant le sens attribué à l'heure actuelle à la notion de quasi-délit, nous avons tenté de faire dans ce domaine, mais avec moins de compétence, un travail parallèle à celui que M. Vizioz a réalisé avec tant de bonheur dans celui du quasi-contrat.

------

(1) Planiol, *Classification des sources des obligations;* Baudry-Lacantinerie et Barde, *op. cit.,* p. 536, n° 2853, font remarquer que le législateur désigne cumulativement les délits et quasi-délits sous le nom de faute dans les articles 1382 et 1383.

(2) Colin et Capitant, *loc. cit.*

Nous avons voulu essayer, remontant le cours des siècles, de combler la lacune que nous venons de constater, en recherchant, par un examen à la fois historique et critique, si la notion de quasi-délit a existé en droit romain d'abord, et dans notre ancien droit ensuite, jusqu'à l'heure des travaux de la codification.

Le quasi-délit, dans lequel on voit aujourd'hui une source d'obligations vide de sens, s'est-il toujours présenté avec ce caractère?

N'a-t-il pas correspondu autrefois à une réalité? Dans l'affirmative, à quelle époque et laquelle? Pourquoi est-il aujourd'hui lettre morte?

Si cette notion n'a jamais eu au contraire aucun sens positif, comment expliquer son apparition et sa persistance à travers les siècles?

Il paraît difficile d'admettre que si la notion d'obligation quasi délictuelle n'a jamais éveillé aucune idée précise et féconde, elle ait été inscrite et soit demeurée dans les textes et qu'elle ait pu survivre immobile sans doute, mais inaltérable, à l'atteinte du temps.

Certains auteurs, et ils sont rares, qui ont manifesté quelque curiosité de l'histoire du quasi-délit, affirment très généralement que cette notion, entendue au sens moderne de faute non intentionnelle, c'est-à-dire non dolosive, est d'origine très récente.

De leur propre aveu, si le droit romain a connu sinon le quasi-délit, du moins l'obligation *quasi ex delicto*, ce terme n'avait chez eux qu'un sens très vague et assurément très différent de celui que nous lui attribuons aujourd'hui.

Ce sens, d'ailleurs, ils ne sont pas arrivés à le découvrir (1).

---

(1) Demogue, *loc. cit.;* Colin et Capitant, *loc. cit.*

La théorie du quasi-délit, considéré comme faute non intentionnelle, serait une création de notre ancienne jurisprudence.

C'est ainsi que M. Planiol, le seul peut-être de tous nos civilistes qui ait manifesté quelque souci sur l'origine historique du quasi-délit, prétend qu'il ne date pas d'une époque antérieure à Heineccius, auquel il faudrait aussi attribuer la traditionnelle classification quadripartite des obligations (1).

Chez les prédécesseurs d'Heineccius, aux dires du savant civiliste, l'expression quasi-délit aurait eu un sens complètement opposé, puisqu'elle aurait été réservée par les jurisconsultes aux fautes graves, à celles qui se rapprochent des actes criminels, et ce sens aurait été admis de nos jours par certaines décisions de jurisprudence.

C'est seulement entre Poullain du Parc et Heineccius que, subitement, l'expression quasi délit aurait pris un sens radicalement différent, puisque caractérisé par l'intention dolosive chez le premier, le quasi-délit aurait au contraire pris sa source dans une faute non intentionnelle pour le second (2).

Il n'échappe à personne que ce revirement brusque dans la conception ancienne du quasi-délit est trop contraire au lent mouvement de l'évolution historique pour ne pas présenter quelque invraisemblance.

L'opinion émise par M. Planiol soulève ici un point d'histoire qu'il ne serait pas sans intérêt d'élucider : celui de savoir si les conceptions modernes du quasi-délit n'ont rien emprunté au droit romain et à notre ancien droit.

---

(1) Planiol, *op. cit.*, notamment p. 264, n° 826.

(2) Planiol, *loc. cit.;* Heineccius, *Antiquitatum romanarum syntagma secundum ordinem Institutionum*, III, 28 [27] pr., et § 1 et 4; IV, 5 pr., cité par Planiol. Planiol cite également : Poullain du Parc, *Principes du droit français*, t. VIII, p. 107; Pothier, *Obligations*, n° 116.

Nous aurions aimé suivre la marche de la notion de quasi-délit, non seulement dans le passé jusqu'à l'avènement de notre Code civil, ainsi que nous avons essayé de le faire, mais aussi depuis l'œuvre de codification dans la jurisprudence et dans la doctrine moderne et contemporaine.

Privé de cet important complément, si notre travail peut se suffire à lui-même, il ne saurait avoir tout son sens et porter pleinement ses fruits.

Mais le temps nous manque pour entreprendre un semblable examen, dont les conclusions, si elles avaient pu constituer une troisième partie de notre travail, fourniraient amplement la matière d'une autre thèse.

Nous n'avons voulu écrire ici qu'une préface à l'étude du quasi-délit en droit moderne, heureux de n'avoir pas fait œuvre inutile, si nous avons pu éclairer la voie à ceux qui voudront bien prendre notre suite et achever, nous l'espérons, le travail que nous avons osé ébaucher.

PREMIÈRE PARTIE

LA NOTION DU QUASI-DÉLIT EN DROIT ROMAIN

—

CHAPITRE PREMIER

Position de la question.

—

1. — La division la plus didactique des obligations que nous trouvons dans les sources du droit romain est exprimée par les Inst+itutes de Justinien, III, 13, § 2; elle est conçue en ces termes :

> Sequens divisio in quattuor species diducitur : aut enim ex contractu sunt, aut quasi ex contractu, aut ex maleficio, aut quasi ex maleficio.

Puis, les Institutes, après nous avoir donné quelques indications rapides, successivement sur les obligations *ex contractu* (1) et *quasi ex contractu* (2), consacrent dans leur livre IV de brefs développements aux obligations *quae ex delicto nascuntur* (3) et *quae quasi ex delicto nascuntur* (4).

---

(1) Inst., III, 14 à 27.
(2) Inst., III, 27 à 29.
(3) Inst., IV, 1 à 5.
(4) Inst., IV, 5.

Mais, en dehors des Institutes, l'expression *quasi ex delicto teneri* (1) n'apparaît que fort peu souvent chez les jurisconsultes cités par les compilateurs; elle n'est employée, en effet, que par Gaius, dans un fragment du livre III de ses *Aurei* ou *Res Cottidianae*, fragment que l'on trouve reproduit au Digeste, XLIV, 7, 5, § 4, et L, 13, 6, et qui a servi de modèle, sauf quelques modifications de détail, aux Institutes de Justinien, dans leur livre IV, 5.

Et encore, ce second groupe de textes ne renferme-t-il pas l'idée que la formule *quasi ex delicto* correspond à une source d'obligations particulières, et l'on peut dire que le § 2 du livre III, 13, des Institutes est le seul de toute la compilation de Justinien et de tous les textes actuellement dépouillés que nous ont laissés les jurisconsultes romains, où l'expression *quasi ex delicto* consacre l'existence d'une source distincte d'obligations.

D'ailleurs, remarquons-le bien, c'est un point assez caractéristique pour qu'il mérite d'être mis en relief au seuil même de cette étude, jamais les commentaires de Justinien ne nous parlent, en quelque endroit que ce soit, du *Corpus Juris Civilis*, et particulièrement dans les Institutes de « quasi-délit », pas plus d'ailleurs que de « quasi-contrat ».

2. — L'examen des différents textes que nous venons de citer nous révèle qu'il y a eu en droit romain quatre cas d'obligations *quasi ex delicto*; ce sont, ainsi que nous les énumèrent les Inst., IV, 5, et le D., XLIV, 7, 5, § 4: l'obligation du *judex qui litem suam fecit* et les obligations sanctionnées par les actions *de effusis et dejectis* contre celui de l'immeuble duquel sont tombés des objets dont la chute a causé un dommage, ou *de positis et suspensis* dans le cas où ces objets,

____

(1) Ou *quasi ex delicto nasci*, ou *quasi ex delicto obligari*.

sans être tombés, occupent simplement une position menaçante pour la sécurité publique ; enfin, par l'action donnée
contre les patrons de navire, les aubergistes et les maîtres
d'écurie à raison des délits de *furtum* ou de *damnum injuria
datum* commis dans le navire, l'auberge ou l'écurie par ceux
dont ils utilisent les services.

Mais cette énumération est-elle limitative ? Tel n'est pas
l'avis de certains auteurs pour lesquels les jurisconsultes
romains ont reconnu d'autres faits générateurs d'obligations
quasi ex delicto en dehors de ceux formellement indiqués
par les textes et que nous venons de rappeler.

Nous verrons ce qu'il faut penser de cette conception
extensive.

Quoi qu'il en soit, il est un fait d'une constatation facile,
même pour le lecteur le moins averti, c'est que les quatre
cas d'obligation *quasi ex delicto* dont il est question dans les
textes de la compilation sont cités et décrits sans que l'on
puisse dégager à première vue le critère commun auquel ils
se rattachent et à la faveur duquel les jurisconsultes romains
ont pu en faire une catégorie spéciale.

Sans doute, ces quatre cas présentent tous un caractère
illicite, mais ce caractère illicite permet seulement de les
rapprocher du délit, comme la nature licite de l'obligation
quasi ex contractu autorise sa comparaison avec celle née du
contrat ; on ne peut, à l'aide de ce critérium d'assimilation, expliquer l'existence d'une source distincte et indivi-
dualisée d'obligations *quasi ex delicto ;* il serait indispensable
pour arriver à un tel résultat de découvrir l'élément commun
en même temps que spécial aux différentes obligations *quasi
ex delicto.*

Malheureusement, dans cette recherche, l'examen des dispositions de la compilation ne nous apporte qu'obscurités et

contradictions, tandis qu'en matière d'obligation *quasi ex contractu,* l'absence d'accord de volonté semble bien être une caractéristique commune et spéciale aux différents actes juridiques qui entrent dans cette catégorie, et si elle n'a pas été clairement mise en lumière par les rédacteurs du Digeste, elle se dégage cependant sans difficulté d'un examen un peu attentif des textes (1).

La question qui va donc se poser et que nous aimerions sinon résoudre, du moins éclaircir, est celle de savoir si, en l'état actuel, tel que nous le connaissons des sources du droit romain, on peut inférer de l'analyse de ces différentes obligations *quae quasi ex delicto nascuntur* à l'existence d'une nation romaine de l'obligation *quasi ex delicto* et du quasi-délit.

C'est pourquoi notre étude va nous amener à décrire les différents actes qui servent de support à l'obligation *quasi ex delicto,* pour essayer de dégager ensuite les caractéristiques qui leur sont communes, en même temps qu'elles permettent de les différencier des autres sources d'obligation.

Nous devrons rendre compte à cet égard des théories qui ont été proposées sur les caractères spécifiques des obligations *quasi ex delicto.*

Et si la critique ne nous donne pas satisfaction, nous aurons à rechercher par l'histoire des textes et des conceptions du droit romain, quelle valeur a été attribuée à l'expression *quasi ex delicto :* n'y faut-il voir qu'une formule vide de sens, ou cette expression a-t-elle correspondu à une source distincte et réelle d'obligations ? Dans ce dernier cas, à quel moment est-elle apparue, comment a-t-elle évolué, et à quel stade de cette évolution s'est-elle arrêtée ?

---

(1) Vizioz, *La notion de quasi-contrat. Étude historique et critique,* thèse Bordeaux, 1912, p. 24, note 2.

CHAPITRE II

Étude des différentes obligations « quasi ex delicto ». Leurs caractères spécifiques.

SECTION PREMIÈRE

Les différentes obligations « quasi ex delicto ».

3. — Une étude préliminaire des différentes obligations *quasi ex delicto* prises en soi, avant toute discrimination historique, nous paraît devoir contribuer à la clarté de notre exposé. Examinons donc rapidement les différentes hypothèses dans lesquelles les textes de la compilation voient la source d'une obligation *quasi ex delicto*.

Elles sont au nombre de quatre, comme nous l'avons déjà indiqué, et l'on ne peut s'empêcher de remarquer à ce sujet leur concordance numérique avec les délits du droit romain qui sont également au nombre de quatre.

A. — De l'édit *si judex litem suam fecevit*.

On ne trouve pas dans les textes, que ce soit ceux de la compilation ou les autres écrits du droit romain, la définition de l'expression *litem suam facere* ; elle paraît d'ailleurs assez hermétique au premier abord.

On doit l'entendre en ce sens que le juge voit le procès sur lequel il était chargé de statuer se retourner contre lui dans ses conséquences dommageables; il s'opère un transport des risques de l'instance à la charge du juge, comme si l'affaire l'intéressait personnellement.

Une remarque préliminaire s'impose à ce sujet; nous croyons, en effet, qu'il est inexact de parler de l'obligation *quasi ex delicto* du *judex qui litem suam fecit* ou même de l'action donnée *quasi ex delicto* contre le *judex qui litem suam fecit.*

C'est cependant là la formule consacrée par les textes des Institutes (1) et du Digeste (2); et ce faisant ils commettent une erreur, car ils paraissent voir dans le terme *litem suam facere* la source de l'acte répréhensible commis par le juge, alors qu'il vise, comme nous venons de le dire, sa sanction : le juge n'est pas obligé, en effet, parce qu'il a fait le procès sien, mais c'est parce qu'il s'est rendu coupable d'un acte illicite qu'il est tenu du *litem suam facere.*

Mais dans quels cas le juge encourait-il semblable peine?

Les textes nous répondent que le juge « faisait le procès sien » lorsqu'il avait rendu une mauvaise sentence, soit par dol (3), soit même par simple imprudence professionnelle (4).

L'obligation de *litem suam facere* paraît d'ailleurs remonter à une époque très reculée du droit romain, et il semble

----

(1) Inst., IV, 5 pr.

(2) D., XLIV, 7, 5, § 4, et D., L, 13, 6.

(3) Inst., IV, 5 pr.; D., XLIV, 7, 5, § 4; D., L, 13, 6; *Institutes* de Gaius, IV, 52; Pernice, cité par Kübler, *Zeitschrift der Savigny-Stiftung,* 1918, t. XXXIX; *Die Haftung für Verschulden bei Kontraktsähnlichen und deliktsähnlichen Schuldverhältnissen,* p. 216, note 2.

(4) Gaius, dans ses *Institutes,* IV, 52, ne parle pas plus d'*imprudentia* que de *dolus.* Mais on a nettement l'impression qu'il n'a en vue que le cas de faute non-intentionnelle résultant d'une inattention; l'emploi du verbe *attendere,* qui signifie faire attention, veiller à, semble bien nous fournir sur ce point un sérieux argument *a contrario.*

qu'elle ait servi de sanction à d'autres actes que celui qui consiste à rendre une mauvaise sentence. C'est ainsi que son existence à l'époque des *Actions de la loi* nous est attestée par un texte de Macrobe, lequel nous rapporte dans ses *Saturnales* un discours prononcé par l'orateur C. Titius, à propos de la loi Fannia de de l'année 593 sur le luxe.

Dans ce discours, C. Titius fait le procès de ces jurés sénateurs qui passaient leur temps à boire et à manger et n'allaient qu'à la dernière heure rèndre leur sentence, dans la crainte de faire le procès sien.

> Ubi horae decem sunt, jubent puerum vocari ut comitium eat percunctatum in foro... Inde ad comitium vadunt ne litem faciant rei (1).

Certains auteurs vont même jusqu'à penser que dès l'époque des XII Tables, il devait exister une sanction à la négligence du *judex* qui ne siégeait pas sans excuse le jour où il aurait dû le faire (2).

Mais cette peine ne devait sanctionner, croit-on, que la responsabilité civile du juge s'abstenant de juger ; elle entraînait, suivant l'opinion de la majorité des auteurs, la *manus injectio* du demandeur contre le juge, comme dans le cas du délit de la loi Aquilia, *manus injectio*, qu'eût fondé le jugement qu'il n'avait pas rendu (3).

---

(1) Macrobe, *Saturnales,* III, 16, 13 (II, 12) ; Girard, *Manuel élémentaire de droit romain,* 7ᵉ édit., p. 671, n° 6 ; Bartoli, *Du juge qui litem suam facit,* thèse Paris, 1909, p. 20.

(2) Pernice, *Labeo,* 2, 2, p. 168-169 ; Karlowa, *Römische Rechtsgeschichte,* p. 1349, et *Legis Actionen,* p. 368, § 3 ; Bartoli, *op. cit.,* p. 21.

(3) Karlowa, *Römische Civilprozess zur Zeit der Legis Actionen,* p. 368, § 3 ; Girard, *op. cit.,* p. 671, n° 7 ; Bartoli, *op. cit.,* p. 46. — Sur une autre théorie soutenue par Voigt, *Zwölftafeln,* I, 1883, p. 554 et 555, et Cuq, *Institutions juridiques des Romains,* 1ʳᵉ édit., t. II, p. 438, n° 5. Ce dernier semble avoir d'ailleurs changé d'avis depuis lors.

Puis l'obligation de *litem suam facere* se serait étendue aux cas où le juge ne statuait pas dans les délais et les formes établis par la loi.

Avec la procédure formulaire, l'ancienne action disparaît ; le préteur lui en juxtapose une nouvelle : c'est une action construite sur le modèle de l'action *injuriarum aestimatoria*, comme elle, pénale, prétorienne, *in factum*, et entraînant une condamnation *in bonum et aequum concepta*, ainsi que nous le disent les Instituts et le Digeste (1).

Grâce à ce caractère *in bonum et aequum concepta* de notre action, on va pouvoir graduer la peine suivant la gravité de l'acte et apprécier plus équitablement l'irrégularité commise par le juge et le préjudice qui en résulte ; d'autre part, notre nouvelle action pourra s'appliquer à des cas qui n'étaient pas sanctionnés jusqu'à cette époque, tel que celui du juge qui rend une mauvaise sentence par dol ou par vengeance ou même celui du juge ignorant qui cause un tort par son *imprudentia*.

Mais comment était faite l'estimation du dommage infligé par le juge coupable au plaideur avec la nouvelle action ?

Suivant l'opinion de certains auteurs (2), deux actions différentes naissaient de l'édit ; dans le cas de dol, la peine était appréciée suivant le *quanti ea res est*, tandis que s'il

------

(1) Inst., IV, 5 pr., D., L, 13, § 6. Ce dernier fragment présente, ainsi que nous le verrons plus tard, de sérieuses traces d'interpolation. — Thomas, *Les actions in bonum et aequuum concepta*, N. R. H., 1901, p. 545 sq. ; Lenel, *L'édit perpétuel*, I, p. 189 ; Bartoli, *op. cit.*, p. 41-52-53 ; Girard, *op. cit.*, p. 671, n° 5 ; p. 1082, n° 7 ; Pernice, *Labeo*, 2, 2, p. 168-171.

(2) Rudorff, *Edictum Perpetuum*, Leipzig, p. 91-92 ; Karlowa, *Römische Rechtsgeschichte*, II, p. 1349 et 1351, et autres cités par Lenel, *op. cit.*, p. 187, t. I, n° 3.

s'agissait d'une simple imprudence, son auteur était tenu à *quantum tibi aequum videbitur.*

Cette distinction a été soutenue pour justifier une contradiction qui existe entre le D., V, 1, 15, § 1, où Ulpien présente le *litem suam facere* comme sanctionnant une violation dolosive de la loi entraînant condamnation à la *vera litis aestimatio,* et les Instilutes, IV, 5, ainsi que le D., L, 13, 6, qui semblent décider, au contraire, qu'il suffit d'une simple imprudence pour que le juge fasse le procès sien, imprudence dont la sanction est de *quantum de ea re aequum religioni judicantis visum fuerit.*

Mais cette distinction est repoussée à juste titre par Lenel (1), d'après lequel ces deux textes qui paraissent contradictoires visent une même action prétorienne *in bonum et aequum concepta.*

> Dans l'ordre de condamner au *quantum aequum videbitur* se trouve certainement comprise, dit-il, la faculté de condamner au *quanti ea res est.*

D'après l'opinion du savant romaniste, le préteur a voulu laisser au juge le soin d'apprécier la responsabilité et il lui a donné la faculté de faire varier la peine en fonction de cette responsabilité.

On peut encore établir un rapprochement entre l'action *in bonum ea eaquum concepta* donnée contre le juge qui fait le procès sien et l'action *injuriarum aestimatoria,* au point de vue de la nature des actes que toutes deux répriment : on trouve toujours à leur base une idée d'*injuria.*

---

(1) Lenel, *Édit.,* 1901, t. I, p. 187 sq., à l'opinion duquel se rangent Girard, *op. cit.,* p. 671, n° 7, et Cuq, *op. cit.,* p. 590, édit. de 1917 ; Pernice, *Labeo,* II, 2, p. 169, combat aussi cette théorie de deux actions.

En effet, l'action *injuriarum aestimatoria* ne tend pas à la réparation d'un dommage causé aux biens, d'une atteinte au patrimoine (1). L'édit, dit Thomas, l'exclut formellement dans ce cas ; elle tend, ajoute-t-il, à réprimer l'atteinte à la personnalité intellectuelle ou morale. Or, toutes les actions auxquelles elle sert de modèle et qui sont conçues *in bonum et aequum* sanctionnent une variété d'injures (2).

Ayant son fondement elle aussi dans cette action, l'action donnée par l'édit *si judex litem suam facerit* doit être considérée comme sanctionnant moins un dommage qu'une idée d'*injuria* vis-à-vis de la partie lésée.

N'est-ce pas, en effet, une *injuria* pour le plaideur que le refus du juge de rendre sa sentence ou le fait de la rendre mal (3) ?

Mais ici, à la différence de ce qui se passe pour l'action d'injures, l'*animus injuriandi* n'est pas nécessairement exigée.

Si l'on examine maintenant les caractères de cette action, on constate que la question de sa transmissibilité a suscité des divergences d'opinions parmi les auteurs ; le motif de la discussion se trouve dans un texte d'Ulpien rapporté au Digeste, V, 1, 16, où le jurisconsulte cite l'avis de Julien suivant lequel l'action contre le *judex qui litem suam fecit* était transmissible contre les héritiers du juge coupable. Mais il combat cette opinion, comme il la combat d'ailleurs à nouveau dans ses *Disputationes* (4).

____

(1) Thomas, *op. cit.*, p. 551.

(2) Telles les actions : *funeraria, rei uxoriae,* le *judicium de moribus mulieris,* et peut-être l'action : *de sepulchro violato, negotiorum gestorum, de feris,* et *de effusis et dejectis.*

(3) Thomas, *op. cit.*, p. 554 ; Bartoli, *op. cit.*, p. 54-55 ; Girard, *op. cit.*, p. 1082, n° 7.

(4) Fragment de Strasbourg, III, 11. Textes de Girard, 5ᵉ édit., p. 496-11.

On a cherché une explication satisfaisante de la contradiction qui existe entre ces deux jurisconsultes. On a pensé longtemps que la solution la meilleure avait été donnée par M. Karlowa (1), pour lequel Julien envisageait l'ancienne action qui s'exerçait par *manus injectio* et devait passer contre les héritiers, comme l'action *judicati* (2), tandis qu'Ulpien avait en vue l'action nouvelle *in bonum et aequum concepta* qui était intransmissible, comme l'action *injurarium*, à raison de l'élément d'appréciation qu'elle contenait (3), sauf dans la mesure de l'enrichissement des héritiers du juge coupable.

Mais cette opinion purement conjecturale doit être aujourd'hui écartée, puisqu'il est admis que les actions pénales ont toujours été intransmissibles en droit classique et que la transmissibilité a été instaurée à l'époque de Justinien seulement. Les textes classiques qui proclament la transmissibilité sont donc contaminés (4).

Enfin, un point notable à signaler, et sur lequel nous aurons l'occasion d'insister, c'est que l'action du *judex qui litem suam facit* n'est pas noxale, elle n'est donnée ni *noxaliter*, ni *de peculio* contre le *paterfamilias*; lorsque le juge coupable est un fils de famille, il est toujours poursuivi directement (5).

Dans la dernière période du droit romain, sous le Bas-Empire et à l'époque de la procédure extraordinaire, notre

---

(1) Karlowa, *Römische Rechtsgeschichte*, p. 1349, II.

(2) D., XLII, 1, 6, § 3.

(3) Bartoli, *op. cit.*, p. 59 à 61 ; Girard, *op. cit.*, p, 671, n° 7.

(4) Arangio Ruiz, *Corso di Istituzioni di diritto romano* (*Diritti reali e di obbligazione*), Naples, 1921, p. 259, n° 1.

(5) Inst., IV, 5, § 2. Sur l'absence de caractère noxal de notre action, Girard, *Les actions noxales*, N. R. H., 1887, p. 416, n° 1 ; Thomas, *op. cit.*, p. 570.

action se retrouve au profit des plaideurs contre le magistrat devenu juge. Désormais, il n'y a plus qu'une action *in bonum et aequum concepta*, intransmissible passivement, mais transmissible activement (1), dont la persistance nous est prouvée, pense Bartoli, par la réunion sous un même titre *de extraordinariis cognitionibus et si judex litem suam fecisse dicetur* (2).

B. — Action donnée contre celui de l'appartement duquel il a été jeté ou versé un objet qui, dans sa chute, a causé un préjudice à autrui, ou action *de effusis et dejectis* (3).

Cette seconde action, bien que donnée également *quasi ex delicto*, l'est dans des circonstances tout à fait différentes de celles dans lesquelles s'exerce l'action de l'édit *si judex qui litem suam fecerit*.

Lorsque des objets liquides ou des corps solides ont été jetés d'un appartement dans un endroit où le public a l'habitude de passer ou de se tenir, et ont causé, par leur chute, un dommage, une action *quasi ex delicto* est donnée par le préteur à la victime de ce dommage contre la personne qui occupe l'immeuble ou l'appartement duquel a été jeté l'objet (4).

Cette action paraît avoir été créée dans l'intérêt de la sécurité publique (5); elle ne s'exerce pas contre l'auteur

---

(1) Inst., IV, 5, § 3, *in fine*.

(2) Bartoli, *op. cit.*, p. 2, D., L, 13.

(3) Inst., IV, 5, § 1; D., IX, 3; DXLIV, 7, 5, § 5; Girard, *op. cit.*, p. 672

(4) Inst., IV, 5, § 1; D., XLIV, 7, 5, § 5. Le D., IX, 3, ne parle pas de ce caractère *quasi ex delicto* de l'action *de effusis et dejectis*.

(5) D., IX, 3, 1 et 2.

direct du dommage, mais celui-ci peut cependant, s'il est connu, ce qui ne sera pas souvent le cas, tomber sous l'application de la loi Aquilia (1); elle ne paraît pas s'attaquer non plus au propriétaire de l'immeuble ou de l'appartement, mais à celui qui habite d'une manière stable la maison, et entre plusieurs habitants, l'action frappe celui qui occupe la portion de l'immeuble de laquelle est tombé l'objet, ou si l'on ne peut déterminer cette portion, celui qui habite la majeure partie de l'immeuble (2).

On sait, en outre, que l'occupant est tenu non seulement pour lui, mais pour les siens, ses gens et ses amis qu'il loge (3); il y a encore là une caractéristique intéressante à noter.

Le montant de la peine qu'on lui applique varie avec l'objet et la nature du dommage; à ce sujet, les textes distinguent trois cas :

Si un objet (un animal ou un esclave) appartenant à autrui a été détruit ou détérioré, la victime du dommage a contre son auteur une action au double du préjudice qu'elle a souffert;

S'il s'agit d'un homme libre qui a été tué, le préteur donne une action populaire, qui permet au premier venu de réclamer à l'occupant de l'immeuble duquel est tombé l'objet meurtrier une amende de 50.000 sesterces qui peut être réclamée pendant un an (4);

Si, enfin, l'homme libre n'a pas été tué, mais seulement blessé, il a contre l'auteur du dommage une action *in bonum et aequum concepta,* pour lui réclamer une indemnité arbitrée

---

(1) Thomas, *op. cit.*, p. 556; Petit, *Traité élémentaire de droit romain,* 6ᵉ édit., p. 469, nº 2.

(2) D., IX, 3, 1, §§ 4 et 9, 5, pr. 1 et 2.

(3) D., IX, 3, 5, § 1.

(4) D., IX, 3, 5, § 5. Sur le caractère populaire de l'action, Girard, *op. cit.*, p. 1076, nº 2.

par le juge, suivant les circonstances de fait (1); cette action, qui est perpétuelle entre ses mains, devient populaire et annale entre celles d'un étranger (2).

Cette dernière action issue, comme dans le cas du *judex qui litem suam facit*, de l'action *injuriarum aestimatoria*, marque aussi l'opposition entre le *damnum datum* et le *cuiquam nocere*, l'édit rejette explicitement, en effet, l'application de l'action *in bonum et aequum concepta* au cas de délit contre les biens (3).

L'action donnée à la victime n'a pas ici pour but de lui faire obtenir la réparation du préjudice causé à ses biens; elle ne tend qu'à réprimer l'atteinte à la personnalité physique (4); mais ici encore, on n'exige pas l'*animus injuriandi* qui est requis dans l'action d'injure (5).

Cette action *de effusis et dejectis*, qu'elle se présente sous l'une ou l'autre de ces trois formes, offre des caractéristiques qui la rapprochent assez sensiblement de celle du *judex qui litem suam fecit;* comme celle-ci, elle est prétorienne, *in factum* (6) et pénale.

Elle obéit aux mêmes règles de transmissibilité active et d'intransmissibilité passive (7); pas plus qu'elle, elle n'est donnée *noxaliter* ou *de peculio* contre le *paterfamilias*, et l'on doit agir directement contre l'habitant *alieni juris* tenu pour responsable (8).

---

(1) Inst., IV, 5, § 1; D., IX, 3, 1 pr. Au D., XLIV, 7, 5, § 5, il n'est pas fait allusion à la nature et au montant de la peine.

(2) D., IX, 3, 5, § 5.

(3) D., IX, 3, 1, § 6.

(4) Thomas, *op. cit.*, p. 556-557.

(5) Cpr. *supra*, p. 17 et 18, avec le *litem suam facere*.

(6) Inst., IV, 5, § 3, *in fine*.

(7) D., IX, 3, 5, § 5.

(8) Inst., IV, 5, § 2; D., IX, 3, 1, §§ 7 et 8; D., XLIV, 7, 5, § 5.

C. — Action donnée contre celui qui occupe un appartement où sont posés ou suspendus des objets dont la chute dans un lieu fréquenté pourrait causer un préjudice à autrui, ou action *de positis et suspensis* (1).

Cette troisième action donnée *quasi ex delicto* est dans un rapport étroit avec l'action *de effusis et dejectis*, car elle a pour but de prévenir les faits que celle-ci réprime.

C'est ainsi que celui qui occupe un immeuble où est placé ou suspendu un objet dont la chute dans un lieu fréquenté par le public est susceptible de causer un dommage à autrui est puni par l'action *de positis et suspensis*, et il est ainsi tenu *quasi ex delicto* (2).

A l'exemple de l'action *de effusis et dejectis*, cette action a en vue le respect de la sécurité publique, mais elle ne s'attaque pas nécessairement à celui qui a placé l'objet dans une position menaçante ou qui habite l'immeuble où il se trouve; peu importe, en effet, que la personne contre laquelle est dirigée l'action soit ou non celle qui a créé directement le risque, qu'elle habite ou non la maison; peu importe aussi qu'elle en soit ou n'en soit pas propriétaire.

L'action est donnée contre le locataire ou contre le propriétaire, sans qu'il y ait lieu de se préoccuper de savoir

---

(1) Inst., IV, 5, §§ 1 et 2; D., IX, 3, 5, §§ 6 sq.; D., LXIV, 7, 5, § 5. Juvénal, *Satire,* III, vers 268 sq., nous donne une description humoristique des dangers auxquels se trouvent exposés les passants par les *posita* et *suspensa.* C'est cette satire qui a inspiré à Boileau la sienne; Maynz, *Cours de droit romain approfondi,* t. II, p. 510, § 279, n° 5.

(2) Inst., IV, 5, §§ 1 et 2; D., XLIV, 7, 5, § 5. Au D., IX, 3, 5, § 6 sq.; il est également question de l'action *de positis et suspensis,* mais ce texte est muet sur le caractère *quasi ex delicto* de l'action, comme le fr. 1 sq., *eod. tit.* Sur le caractère *quasi ex delicto* de l'action *de effusis et dejectis,* cpr. *supra,* p. 20, n° 4.

s'il habite ou n'habite pas l'immeuble, à la seule condition qu'il ait *aliquid expositum hir locis* (1).

Au contraire, on a vu (2) que l'action *de effusis et dejectis* ne semble jouer que contre l'habitant de l'immeuble duquel est tombé l'objet qui, dans sa chute, a occasionné un dommage.

D'un autre côté, la personne qui est tenue en vertu de l'action *de positis et suspensis* paraît jouer un rôle essentiellement passif. Il suffit en effet, pour que sa responsabilité soit engagée, qu'elle ait souffert que l'objet occupe une position périlleuse pour autrui (3), et cette responsabilité semble être attachée directement au fait de la chose elle-même, plus qu'elle ne sanctionne le défaut de surveillance de ceux dont on doit répondre, comme dans le cas de l'action *de effusis et dejectis* (4).

Enfin, tandis qu'il existe trois variétés d'actions *de effusis et dejectis,* on ne connaît qu'une seule action *de positis et suspensis* ; cela se conçoit d'ailleurs sans difficulté, puisqu'il ne s'agit pas de réparer ici un dommage actuel, mais de prévenir un préjudice éventuel. C'est la menace du danger, non le danger réalisé, qui est sanctionnée (5).

------

(1) D., IX, 3, 5, § 8.

(2) Cpr. *supra*, p. 20 et 21.

(3) D., IX, 3, 5, § 8, 10 et 12.

(4) La D., IX, 3, 6, § 2, ne semble, en effet, régir que l'action *de dejectis et effusis ;* on s'explique aisément pourquoi l'exercice de cette action est conditionné par le fait de l'habitation ; il faut habiter avec des commettants pour répondre d'eux, tandis qu'il paraît moins indispensable d'avoir sa chose avec soi pour être tenu des dégâts qu'elle peut occasionner. D., IX, 3, 5, § 12.

(5) D., IX, 3, 1, § 3. Suivant Thomas, *op cit.*, p. 558, on ne pouvait ici appliquer l'action de la loi Aquilia ou l'action *in bonum et aequum concepta,* suivant qu'il y aurait eu dommage causé à la chose ou à la per-

D'ailleurs, à la ressemblance de l'action *de effusis et dejectis*, notre action est prétorienne *in factum* (1) ; on sait aussi qu'elle est populaire ; le premier venu peut l'exercer pour obtenir le paiement d'une amende de 10.000 sesterces (2). Sa transmissibilité s'opère activement, mais non point passivement (3), et le maître ne peut s'en libérer par l'abandon noxal (4) de l'auteur coupable en sa puissance.

Enfin, dernier caractère important et que nous avons déjà eu l'occasion de relever à propos des précédentes actions *quasi ex delicto* que nous venons de décrire, l'action *de positis et suspensis* ne peut s'exercer *noxaliter* ou *de peculio* contre le *paterfamilias* (5) quand le fils de famille vit séparé de lui.

D. — Action donnée contre les patrons du navire, les aubergistes et les maîtres d'écurie, à raison des délits de *furtum* et de *damnum injuria datum* commis par les personnes à leur service (6).

Avec cette quatrième action *quasi ex delicto*, nous sommes transporté dans un donaine tout à fait différent de celui dans lequel s'appliquent les précédentes, particulièrement l'action contre le *judex qui litem suam fecit*.

---

sonne, puisqu'il n'y avait que menace de dommage. Réalisée, cette menace devait être sanctionnée par l'action *de effusis et dejectis*. — Cpr. avec la *cautio damni infecti*.

(1) Inst., IV, 5, § 3, *in fine*.

(2) D., IX, 3, 5, § 13 ; Inst., IV, 5, § 1 ; D., IX, 3, 5, § 6.

(3) D., IX, 3, 5, § 13.

(4) D., IX, 3, 5, § 10.

(5) Inst., IV, 5, § 2 ; D., XXXIV, 7, 5, § 5.

(6) Inst., IV, 5, § 2 ; D., XLIV, 7, 5, § 6, et aussi D., IV, 9 ; D., XLVII, 5. *Les Institutes*, IV, 5, § 3, parlent de dol et non point de *damnum*, mais il est admis qu'il n'y a là qu'une erreur et qu'il faut bien lire *damnum*. Sur cette action, v. Paris, *La responsabilité de la « custodia » en droit romain*, thèse Nancy, 1926.

Le droit romain a mis à la disposition des voyageurs différentes actions pour leur permettre d'assurer la conservation de leurs bagages.

C'est ainsi qu'ils ont, en vertu de l'édit sur le *receptum nautarum cauponum stabulariorum* (1), une action en responsabilité contre les maîtres d'auberges, de navires et d'écuries dans le cas où des effets qu'ils ont déposés chez eux ont été détruits ou détériorés, même sans leur faute, à moins que ce ne soit par un cas de force majeure.

D'autre part, ils sont armés de l'action du délit contre le véritable auteur du dommage.

Mais de ces deux actions, la première suppose que les bagages ou les marchandises des voyageurs ont été remis au maître, et en vertu de sa nature contractuelle et réipersécutoire, elle n'est donnée qu'au simple, et s'il se sert de la seconde, le voyageur court le risque de trouver dans l'auteur du dommage un insolvable, tandis que son maître est solvable (2).

Grâce à notre quatrième action *quasi ex delicto*, le voyageur va pouvoir agir directement contre l'hôtelier, le patron de navire ou le maître d'écurie, dans le cas où ses effets ont été volés ou endommagés par un de ses préposés.

Le maître répond ici *quasi ex delicto* du fait de son préposé, *quod opera malorum hominum uteretur*; c'est un cas de responsabilité du fait d'autrui fondé sur une *culpa in eligendo* (3).

---

(1) D., IV, 9; D., XLVII, 5; Girard, *op cit.*, p. 639.

(2) Girard, *op. cit.*, p. 673, n° 3; Maynz, *op. cit.*, t. II, 4ᵉ édit., § 279; Demangeat, *Cours de droit romain*, 2ᵉ édit., p. 417; Van Wetter, *Cours de Pandectes*, t. IV, p. 326-327.

(3) Inst., IV, 5, § 3; D., XLIV, 7, 5, § 6.

Cette nouvelle action prétorienne, *in factum* et pénale (1), comme les autres actions *quasi ex delicto*, permet au voyageur d'obtenir le double du montant du préjudice causé, mais en revanche, elle est intransmissible contre les héritiers, à la différence de celle née du *receptum* ; elle est, d'autre part, supérieure à l'action directe du délit, car elle met le poursuivant à l'abri de l'insolvabilité de l'auteur du dommage (2).

E. — Les Romains ont-ils admis l'existence d'autres obligations *quasi ex delicto*?

Tels sont, brièvement énumérés et décrits, les différents cas dans lesquels les textes de la compilation nous disent qu'il y a obligation *quasi ex delicto*.

Mais on s'est demandé si cette énumération n'était pas seulement énonciative et non point limitative ; en d'autres termes, si les textes ne s'étaient pas contentés de nous donner des exemples d'obligations *quasi ex delicto* sans vouloir les citer toutes et épuiser le contenu de la notion (3).

Certains auteurs ont donc été tentés d'allonger la liste de ces obligations.

C'est ainsi notamment qu'ils ont été particulièrement frappés par la similitude qui existe entre l'action *de effusis et dejectis* et l'action *de feris*. De là à faire entrer la seconde

---

(1) Inst., IV, 5, § 3, *in fine;* D., XLIV, 7, 5, § 6.

(2) Inst., IV, 5, § 3. On sait, en outre, que cette action est perpétuelle (Cuq, *op. cit.*, p. 591), au cas où un homme libre a été blessé, s'il l'exerce lui-même ; sinon elle est annale. Elle est également annale et populaire, s'il a été tué. Cuq, *loc. cit.*

(3) La même question s'est posée au sujet des obligations *quasi ex contractu.* Vizioz, *op. cit.*, p. 2, n° 2.

dans la même catégorie que la première, il n'y avait pour eux qu'un pas, et ils l'ont franchi aisément (1).

Il est vrai que les points de contact entre ces deux actions sont extrêmement nets et ne peuvent que conduire à une assimilation au point de vue de la source qui y donne naissance.

L'action *de feris* provient d'une disposition de l'Édit des *Ediles Curules* qui établit contre celui qui a gardé dans le voisinage de la voie publique des animaux féroces ou dangereux, en raison du dommage causé par ceux-ci :

— une action en paiement de 200.000 sesterces quand un homme libre a été tué (2);

— une action *in bonum et aequum concepta* calquée sur le modèle de l'action d'injure; en paiement d'une indemnité arbitrée par le juge lorsqu'il n'a été que blessé;

— enfin une action au double du montant du préjudice, quand le dommage porte sur toute autre chose (3).

Ce sont là, n'était une légère différence relative au taux de la peine au cas de mort d'un homme libre, les sanctions appliquées dans le cas de l'action *de effusis et dejectis*.

D'autre part, l'action *de feris* paraît obéir aux mêmes règles que cette action, et notamment en ce qui concerne la noxalité, la transmissibilité, la durée et la popularité.

Enfin, si on place au point de vue de la nature de l'acte qu'elle sanctionne, on constate qu'il s'agit ici, comme dans les hypothèses où l'on donne l'action *de effusis et dejectis*, *de positis et suspensis*, d'un cas de responsabilité d'un fait

---

(1) Sur l'action *de feris* : Inst., IV, 9; D., XXI, 1, §§ 40, 41, 42. — Paul, *Sentences* dans Girard, *Textes de droit romain*, 5ᵉ édit., I, 15, § 2, p. 389.

(2) 50.000 sesterces dans le cas de l'action *de effusis et dejectis*.

(3) D., XXI, 1, § 42.

extérieur à la personne qui en est tenue, et sanctionné dans l'intérêt de la sécurité publique.

Aussi M. Girard n'a-t-il pas manqué d'établir un parallèle entre cette action et les actions *quasi ex delicto*, et M. Thomas, allant plus loin, la classe sans hésitation dans cette catégorie (1).

Mais l'action *de feris* n'est pas la seule que l'on ait tenté d'y faire entrer; c'est ainsi que, tout en s'élevant contre une pareille conception, M. Girard ajoute que l'on pourrait encore ranger parmi les obligations *quasi ex delicto* celles qui sont sanctionnées par l'action *metus* et l'action Paulienne lorsqu'elle est donnée contre les tiers qui ont profité de l'acte sans en être complices et l'obligation imposée au maître ou au *paterfamilias* de l'auteur d'un délit de payer l'amende du délit ou de faire abandon noxal.

On rattache aussi au groupe des actions *quasi ex delicto* la *cautio damni infecti* et l'action *aquae pluyiae arcendae* (2).

Mais en ce qui nous concerne, nous croyons que pour aborder une semblable question qui n'est autre que celle de la détermination du contenu de la notion d'obligation *quasi ex delicto*, il faut auparavant avoir acquis des précisions sur la nature des obligations dont on dégage cette notion.

---

(1) Girard, *op. cit.*, p. 672, nº 1; p. 678, nº 1; Thomas, *op. cit.*, p. 569; Kübler, *op. cit.*, p. 218-219.

(2) Kubler, *op. cit.*, 218-219, et les nombreuses références indiquées par lui. Arangio Ruiz, *Corso di Istituzioni di diritto romano (Diritti reali e di obbligazione)*, Naples, 1921, ne fait pas mention dans la liste des obligations *quasi ex delicto* de celle qui frappe les *nautae, caupones, stabularii*, mais il considère par contre comme *quasi ex delicto* : l'action *adversus mensorem qui falsum modum dixerit, servi corrupti, sepulchri violati*, et l'action contre le publicain qui commet des usurpations au préjudice des contribuables, p. 272, § 3 sq. Mais il n'explique pas pourquoi, à son avis, ces actions sont *quasi ex delicto*.

Pour dire de telle obligation que le droit romain ne l'a pas fait rentrer, ni explicitement, ni même implicitement dans la catégorie de celles qui naissent *quasi ex delicto*, il faut avoir pris parti sur le critérium qui caractérise ces dernières.

C'est dans le but de dégager ce critérium que nous allons essayer maintenant de déterminer les caractères spécifiques des obligations *quasi ex delicto* que nous venons de décrire.

SECTION II

Quels sont les caractères spécifiques des obligations « quasi ex delicto ».

4. — Comme nous l'avons fait observer précédemment (1) et à moins de s'abandonner à des fantaisies d'imagination qui ne seraient pas de mise en pareille matière, il ne paraît pas possible de les dégager sans difficultés.

Il est bien évident, sans doute, que les obligations *quasi ex delicto* se séparent nettement des obligations contractuelles : entre elles, en effet, comme entre celles qui sont issues du délit et du contrat, on trouve toute la différence qui existe entre l'acte licite et l'acte illicite, et cette différence est infranchissable.

C'est ce qui a fait dire à Ulpien :

> Eum servus habitator est, utrum noxalis actio danda sit, quia non est ex negatio gesto, an de peculio, quia non ex delicto servi venit (2)?

L'action quasi délictuelle peut-elle être donnée *noxaliter* puisqu'elle n'est pas contractuelle?

------

(1) *Supra*, p. 11 et 12.
(2) D., IX, 3, 1, §§ 7 et 8.

Pour la même raison, on ne peut davantage comparer nos obligations *quasi ex delicto* aux obligations *quasi ex contractu*.

A la rigueur pourrait-on voir à la base des obligations *quasi ex contractu* et *quasi ex delicto* une idée commune d'absence d'accord ; dans les premières, ce serait l'absence d'accord de volonté qui manquerait, tandis que dans les secondes, ce serait l'accord entre la volonté de l'agent et l'acte qu'il accomplit qui ferait défaut (1).

Mais, d'un autre côté, si ce caractère illicite commun aux différentes obligations *quasi ex delicto* les sépare des contrats et des quasi-contrats, il les rapproche des délits.

Toute la question est de savoir pour quelles raisons cependant ces obligations constituent une catégorie à part qui semble douée d'une vie propre.

Si nous nous plaçons sur le terrain processuel et que nous établissions un parallèle entre les actions délictuelles et quasi délictuelles, nous constatons qu'elles présentent entre elles certains points communs, mais aussi certaines divergences marquées.

Les actions quasi délictuelles se rapprochent des actions délictuelles, parce que, comme elles, elles sont transmissibles activement aux héritiers de la victime du dommage et intransmissibles passivement à ceux de l'auteur responsable, ainsi qu'il convient aux actions pénales (2).

Elles obéissent aussi, en ce qui concerne leur durée, leur

______

(1) Planiol, *Classification des sources des obligations, Rev. crit.,* 1904, p. 324.

(2) Sur l'intransmissibilité passive des actions délictuelles : D., XLVII, 7, 49 ; D., L, 17, 111, § 1 ; et quasi délictuelles : Inst., IV, 5, § 3 ; D., IX, 3, 5, § 5 et § 13. Il y a cependant une difficulté au sujet de l'action contre le *judex qui litem suam facit,* que Julien prétend transmissible contre les héritiers du juge coupable, *supra,* p. 18 et 19.

caractère populaire et l'application des principes de la *capitis deminutio*, aux mêmes règles que les actions délictuelles (1).

Mais tandis que les premières sont conçues *in jus* de droit strict, celles-ci sont des actions prétoriennes *in factum* (2).

En outre, différence plus notable encore, nos actions *quasi ex delicto* ne sont pas davantage données *noxaliter* qu'elles ne l'étaient *de peculio* (3). Et cependant l'on sait que le caractère le plus symptomatique des actions pénales délictuelles, c'est la noxalité.

Enfin, tandis que les actions délictuelles sont données cumulativement contre les coauteurs de l'acte répréhensible, les jurisconsultes romains décident que si l'action *de effusis et dejectis* est dirigée contre l'un des coupables, les autres se trouvent libérés, à condition que celui-ci s'exécute et sauf son recours contre ses coauteurs (4).

Or, ce caractère ne se rencontre normalement que dans les actions réipersécutoires (5).

Ainsi, donc les actions *quasi ex delicto* se distinguent assez sensiblement des actions délictuelles; elles tiennent en quelque sorte le milieu entre celles-ci et les actions contrac-

---

(1) V. Girard, *op. cit.*, p. 671 ; Cuq, p. 589 sq. ; Petit, p. 468 ; D., IX, 3, 5. — Il n'y a à cet égard que quelques différences de détail dont parle Thomas, *op. cit.*, p. 562, 569, 576, 577.

(2) Inst., IV, 5, § 3 ; D., IX, 3, 1, § 4 ; D., IX, 3, 5, § 6 ; D., L, 13, 6.

(3) *Supra*, p. 30 et 31. — Inst., IV, 5, § 2 ; D., IX, 3, 5, § 10 ; D., XLIV, 7, 5, § 5. Également Girard, *Les actions noxales*, *op. cit.*, p. 416 et note; Thomas, *op. cit.*, p. 570.

(4) D., IX, 3, 4.

(5) Maynz, *op. cit.*, p. 449-450, § 267. L'auteur fait observer que celui des coauteurs poursuivi ne saurait avoir de recours en cas de délit. Sur quoi serait-il fondé? Dans le cas de l'action *de effusis et dejectis*, il se comprend au contraire, car la personne poursuivie peut être innocente; v. également, p. 75, § 186, n° 33.

tuelles et paraissent se dépouiller de leur caractère pénal pour devenir réipersécutoires (1). C'est pour cela sans doute qu'elles ne sont pas noxales, tout en n'étant pas encore tout à fait réipersécutoires et données *de peculio*, et que l'action *de effusis et dejectis* ne peut être exercée cumulativement contre tous les coauteurs responsables.

Mais suffit-il d'avoir établi qu'il y a une action *quasi ex delicto* indépendante pour que soient démontrés et expliqués par là même l'existence et le fondement d'une notion d'obligation *quasi ex delicto* qui en constitue le *substratum* et se présente comme absolument distincte des autres obligations connues en droit romain, notamment des obligations délictuelles?

Évidemment non. C'est commettre une véritable pétition de principe que de raisonner de la sorte.

On ne peut sans illogisme justifier la séparation qui existe entre les obligations délictuelles et les obligations *quasi ex delicto*, sur la différence des effets produits par ces obligations, c'est-à-dire sur une différence de structure entre les actions qui les sanctionnent.

L'effet juridique n'existe qu'en fonction de la cause qui lui donne naissance et sur laquelle il se modèle. Aussi, dire que la différence remarquée entre deux notions provient de la divergence de leurs effets, ce n'est que reculer la difficulté sans la résoudre, puisqu'il s'agira d'expliquer alors cette variété d'effets, en remontant à l'étude de l'origine et de la nature même de ces notions.

---

(1) A propos du caractère non pénal de l'action dans le cas du *judex qui litem suam facit*, Brinz, *Pandekten*, II, 2, p. 160, cité par Kübler, *op. cit.*

Chastaignet   3

Comme l'a très bien dit Pernice (1), ce n'est pas le moyen de droit qui détermine la conception qui résulte de la donnée des faits, mais bien le contraire.

Une différence ou une ressemblance d'effets, de sanction, peut seulement nous servir d'indice ou de preuve complémentaire pour expliquer une différence ou une similitude d'origine et de nature entre deux ou plusieurs institutions données.

C'est dire qu'il va falloir essayer d'expliquer, maintenant que nous avons montré que l'obligation *quasi ex delicto* a une nature différente de celle des obligations contractuelles et *quasi ex contractu*, pour quelles raisons elle donne naissance à une action qui se sépare nettement par certains côtés de l'action délictuelle.

Nous allons donc consacrer le chapitre qui va suivre à l'étude des différentes théories qui ont été proposées sur les caractères spécifiques de l'obligation *quasi ex delicto* envisagée dans sa nature intime et dans ses rapports avec le délit.

-----

(1) Pernice, *Labeo,* II, 2, 2, 172, 5.

CHAPITRE III

Examen des différentes théories proposées sur les caractères spécifiques de l'obligation « quasi ex delicto » envisagée dans sa nature intime et dans ses rapports avec le délit.

SECTION PREMIÈRE

Première théorie : L'obligation « quasi ex delicto » ne viserait que l'hypothèse de « l'imprudentia ».

5. — Suivant une première opinion, qui est celle de la tradition et de la majeure partie de la doctrine, l'obligation *quasi ex delicto* aurait été en droit romain celle qui, par excellence, prenait sa source dans une *imprudentia* (1).

Il est d'ailleurs assez malaisé de déterminer exactement ce que les Romains ont pu entendre par *imprudentia*. Quelle différence établissaient-ils entre l'*imprudentia* et la *neglegentia ?* Les textes ne nous fournissent pas d'explications sur ce point.

Mais il semble cependant en droit romain comme en droit français que la part de responsabilité incombant à l'auteur de l'acte répréhensible ait été plus grande en cas de négligence que dans celui d'imprudence, car l'idée de *neglegentia*

---

(1) Rotondi, *Scritti Giuridici,* t. III, p. 371, 386; 489 sq.; Kübler, *op. cit.*, p. 214 sq., 219 sq.

implique l'existence d'un élément intentionnel qui fait défaut
au cas d'*imprudentia* (1).

Pour les Romains, pensent les adeptes de cette théorie,
l'*imprudentia* n'est autre chose que la *culpa* et, comme elle,
s'oppose au *dolus*. Qui dit *imprudentia* entend donc dire par
là acte non intentionnel, et les obligations *quasi ex delicto* se
caractérisent par l'absence chez leur auteur d'intention de
nuire. On remarque que cette conception, à supposer qu'elle
corresponde à la notion romaine d'obligation *quasi ex delicto*,
ne diffère pas de celle introduite dans l'article 1383 de notre
Code civil sous l'influence de Pothier.

Il est évidemment admissible que dans les cas sanctionnés
par l'action *de effusis et dejectis*, comme dans l'hypothèse où
l'on donne une action contre les aubergistes, les patrons de
navire et les maîtres d'écurie, on puisse trouver à la base de
la responsabilité des personnes incriminées une *imprudentia*;
elles ont eu le tort de faire choix de mauvais serviteurs qui
ont laissé choir des objets dans la rue ou se sont rendus
coupables de délits envers les voyageurs (2).

Mais les textes ne paraissent pas mettre en avant l'idée
d'un choix imprudent, d'une *culpa in eligendo*, à l'exception
de ceux rapportés au D., IV, 9, 7 pr. et § 1, et XLVII, 5, 5;
il est vrai que les Institutes et certains autres passages du
Digeste (3) sont plus explicites et disent bien que le maître

----

(1) Quant au terme *imperitia*, il semble être synonyme, lui, d'*imprudentia*.

(2) D., IV, 9, 7 pr., § 4; D., XLVII, 5, § 5, et surtout Inst., IV, 5, § 3,
et D., XLIV, 7, 5, § 7, car ces deux derniers textes emploient l'expression *quasi ex delicto* au sujet de l'action contre les aubergistes, les
patrons de navire et les maîtres d'écurie. — Sur l'action *de effusis et
dejectis*, Inst., IV, 5, § 1; D., XLIV, 7, 5, § 6.

(3) Note précédente.

est tenu parce qu'il emploie de mauvais serviteurs, mais ils se contentent de dire dans l'hypothèse où l'on donne l'action *de effusis et dejectis* qu'il y a responsabilité du fait d'autrui sans expliquer pour quelles raisons.

D'autre part, dans les deux autres cas d'obligation *quasi ex delicto* prévus par les textes, celui qui donne naissance à l'action *de positis et suspensis* et celui du *judex qui litem suam facit*, l'application de ce critérium ne laisse pas que de soulever de graves difficultés.

C'est qu'en effet, à la différence de ce qui a lieu pour l'action *de effusis et dejectis*, l'étude des passages consacrés par les compilateurs à l'action *de positis et suspensis* ne permet pas de supposer encore qu'elle joue comme sanction d'une imprudence.

On peut, il est vrai, admettre que notre action est donnée pour réprimer l'imprudence qui consiste à laisser des objets dans une situation menaçante pour la sécurité publique ; mais à examiner les textes de près, on en retire l'impression qu'ils visent spécialement un cas de responsabilité que l'on pourrait qualifier de réelle, car la personne tenue joue un rôle purement passif dans lequel la notion d'imputabilité paraît reléguée à l'arrière-plan. Entre l'intérêt du bien public et l'intérêt particulier, on sacrifie le second au premier.

Par ailleurs, on sait que dans l'hypothèse du *judex qui litem suam facit*, il s'agit normalement de sanctionner une simple *imprudentia* de celui-ci.

En faveur de cette interprétation, on trouve, dans la compilation, trois textes de Gaius (1).

____

(1) Inst., IV, 5 pr. ; D., LXIV, 7, 5, § 4 ; D., L, 13, 6. Les Institutes de Gaius, IV, § 52, ne paraissent s'occuper aussi, comme nous l'avons dit

Seul un texte d'Ulpien vient faire échec à cette conception (1).

Il est conçu en ces termes :

> Judex tunc litem suam facere intelligitur, quum dolo malo in fraudem legis sententiam dixerit. Dolo malo autem videtur hoc facere, si evidens arguatur ejus vel gratia, vel inimicitia, vel etiam sordes, ut veram aestimationem litis praestare cogatur.

Pour lever l'antinomie qui existe entre ce dernier texte dissident et les précédents, on peut admettre qu'Ulpien a entendu faire allusion ici à un cas spécial, exceptionnel, d'obligation *quasi ex delicto*, mais que, dans la grande majorité des cas, il n'y a qu'une simple imprudence et la règle aurait attiré à elle l'exception en la faisant participer de son caractère *quasi ex delicto*, alors que, normalement, celle-ci aurait dû rentrer dans le cadre des délits (2).

Plus admissible nous apparaît l'opinion de certains auteurs qui croient pouvoir expliquer cette contradiction en disant que dans ce passage d'Ulpien il s'agit d'un cas de *litem suam facere* qui relève de la catégorie délictuelle du dol; cette opinion est, en effet, fortifiée par le silence d'Ulpien sur la nature *quasi ex delicto* de l'obligation du juge qui rend une mauvaise sentence par dol, et par le fait que sa thèse est demeurée absolument isolée (3).

---

précédemment (p. 14, note 4), que du cas d'*imprudentia*. — Sur la matière : Maynz, *op. cit.*, t. II, § 279, cité par Accarias, *op. cit.*, t. II, § 665, n° 2.

(1) D., V, 1, 15, § 4.

(2) Lenel, *Édit*, p. 188-189 ; Cuq, édit. de 1917, p. 590.

(3) On trouve chez nombre d'auteurs, très catégoriquement affirmée, cette idée que le juge qui fait le procès sien est tenu *quasi ex delicto*, même quand il a rendu une sentence injuste par dol. Girard, *op. cit.*,

Il est seulement permis de regretter qu'aucune preuve textuelle et positive ne nous autorise encore à affirmer l'exactitude de cette seconde explication, et l'on ne peut donc, croyons-nous, dire, jusqu'à plus ample informé, que chez les Romains l'*imprudentia* est le critère commun autour duquel gravitent nos différentes obligations *quasi ex delicto*.

D'autre part, et à tenir même pour démontré qu'il y ait bien là le caractère commun à toutes les obligations *quasi ex delicto*, la tâche ne sera pas terminée et nous n'aurons pas établi l'existence de la notion si nous ne pouvons acquérir la conviction que ce caractère leur est particulier et sert à les distinguer des autres obligations, ici notamment de l'obligation délictuelle.

Or, pour établir la spécificité de ce caractère d'*imprudentia*, il faudrait démontrer deux choses : d'une part, qu'il ne peut jamais y avoir délit par simple *imprudentia*, et d'autre part, que l'obligation *quasi ex delicto* ne trouve jamais sa source dans le dol.

Nous avons vu que la seconde des deux propositions que nous venons de poser, si elle n'est point vérifiée, est cependant plausible.

Il est très admissible que lorsque le juge fait le procès sien par dol, il n'y ait plus quasi-délit, mais délit.

---

p. 671 ; Planiol, *Traité élémentaire de droit civil*, 7e édit., Paris, 1917, nº 826. — Cependant Ulpien, au D., V, 1, 15, § 1, se contente de nous dire que le juge fait le procès sien lorsqu'il se rend coupable de dol, mais non point qu'en cette occurrence il est tenu *quasi ex delicto*. — D'autre part, au D., XLIV, 7, 5, § 4, et L, 13, 6, on dit bien nettement que c'est parce qu'il n'y a que simple *peccatum* qu'on est tenu *quasi ex delicto*. — N'est-il pas bien hardi, en présence de ces textes, d'établir une généralisation qu'ils ne font ni explicitement ni implicitement entre les deux hypothèses de *litem suam facere*, pour dire que dans les deux cas le juge est tenu *quasi ex delicto* ?

Mais, ce point serait-il acquis, il n'est pas du tout certain que tous les cas d'*imprudentia* relèvent du domaine des obligations *quasi ex delicto*.

Sans doute, il n'est pas permis de mettre en doute que le *furtum*, la-*rapina* et l'*injuria* supposent chez leur auteur une intention dolosive indispensable à leur existence.

Mais il n'en est plus de même pour ce qui touche au délit de la loi Aquilia. Il suffit pour s'en convaincre de lire les développements que les compilateurs lui ont consacrés dans le Digeste et dans les Institutes.

Nous y voyons à tout instant que cette loi réprime aussi bien des actes délictueux nés d'une *culpa*, d'une simple *imprudentia* que d'un dol et qu'elle s'étend même aux cas de responsabilité de la faute des préposés à raison d'un mauvais choix.

C'est ainsi que les Institutes nous disent qu'on peut être tenu aussi bien en vertu de la faute que du dol (1) et les textes du Digeste sont aussi significatifs.

Nous n'en voulons pour preuve que des phrases telles que celles-ci :

> Igitur injuriam hic damnum accipiemus culpa datum, etiam ab eo qui nocere noluit (2).

> In hoc quoque actione quae ex hoc capitulo oritur, dolus et culpa punitur (3).

La faute non intentionnelle est donc, elle aussi, sanctionnée par la loi Aquilia, et le Digeste, IX, 2, 5, § 3, décide même, dans le cas qu'il envisage, qu'il n'y a pas lieu d'appliquer l'action d'injure, mais celle de la loi Aquilia parce qu'il n'y a pas d'intention dommageable.

---

(1) Inst., IV, 3, §§ 3 et 14.
(2) D., IX, 2, 5, § 1, *in fine*.
(3) D., *eod. tit.*, 30, § 3 ; également 32 pr., *in fine*.

D'autre part, on trouve expressément exprimés au titre de la loi Aquilia des actes qui résultent d'une simple faute, d'une *imprudentia*, comme dans le cas de l'esclave qui est blessé en traversant le *campus jaculatorius* (1), du bûcheron qui tue un passant en laissant tomber une branche (2) ou du médecin qui, après avoir opéré un malade, le laisse périr faute de soin (3).

On sait aussi que le muletier qui ne peut retenir ses bêtes en raison de son impéritie ou même de sa faiblesse commet un délit de la loi Aquilia (4).

Ces différentes hypothèses que nous venons de relever dans les Institutes sont également reprises dans le titre 2 du livre IX du Digeste, où l'on cite encore d'autres espèces également sanctionnées par l'action de la loi Aquilia ou l'action *in factum* correspondante si l'auteur responsable n'a été que l'occasion et non la cause directe du dommage, bien qu'il s'agisse de simples cas d'*imprudentia* ou d'espèces qui supposent normalement chez la personne incriminée l'absence d'intention dolosive (5).

Nous en arrivons donc à conclure sur ce second point que la faute non intentionnelle, celle qui résulte d'une imprudence, peut donner aussi bien naissance à une obligation délictuelle que *quasi ex delicto;* la preuve nous en est offerte par l'obligation délictuelle de la loi Aquilia qui présente une analogie remarquable avec cette dernière obligation.

---

(1) Inst., IV, 3, § 4.

(2) *Eod. tit.,* § 5.

(3) *Eod. tit.,* §§ 6 et 7. *Imperitia quoque culpae adnumeratur, veluti si medicus ideo servum tuum tuum occiderit, quod eum male secuerit, aut perperam ei medicamentum dederit.*

(4) *Eod. tit.,* § 8.

(5) D., IX, 2, 5, § 3; *eod. tit.,* 7, §§ 8 et 9; *eod. tit.,* 27 et 29; *eod. tit.,* 45, § 4; *eod. tit.,* 52 pr. et sq.

Aussi nombre d'auteurs ont vu dans les obligations *quasi ex delicto* une sorte de succédané du délit Aquilien. C'est pour cette raison que M. Cuq, dans sa deuxième édition des *Institutions juridiques des Romains*, rangeait l'action *de effusis et dejectis*, l'action *de positis et suspensis* parmi les délits de la loi Aquilia résultant d'une imprudence (1).

Dans son édition de 1917, il paraît cependant avoir changé d'avis et on le voit reclasser ces actions dans la catégorie des actions *quasi ex delicto* (2).

Nous pouvons donc dire que l'*imprudentia* n'apparaît pas comme un caractère spécifique des obligations *quasi ex delicto*, qui les unit par un lien commun et les sépare des obligations délictuelles, car s'il est admissible que le juge qui fait le procès sien par dol ne commet pas un quasi-délit, le délit Aquilien peut naître, par contre, d'une simple *imprudentia* (3).

SECTION II

Deuxième théorie : L'obligation « quasi ex delicto » ne viserait que l'hypothèse de l'omission fautive.

6. — Pour d'autres auteurs, la caractéristique des obligations *quasi ex delicto*, c'est qu'elles sont toutes la sanction d'une *omission fautive* (4).

---

(1) *Op. cit.*, p. 479.

(2) *Op. cit.*, p. 589-590 ; Maynz (*op. cit.*, t. II, p. 509) dit que dans le cas de l'action *de effusis et dejectis*, on pourrait aussi bien se servir de l'*actio legis Aquiliae* ; mais comme il est souvent difficile de découvrir l'auteur du fait dommageable, on a recours à cette autre action. Girard, *op. cit.*, p. 671 ; Petit, *op. cit.*, p. 468 ; Demangeat, *op. cit.*, t. II, p. 416.

(3) Notons ici le caractère dissident, inharmonique et exceptionnel que présente le cas du *judex qui litem suam facit* en face des autres obligations *quasi ex delicto*.

(4) Rotondi, *op. cit.*, t. III, p. 489 sq.

Cette opinion nous paraît insoutenable ; à moins de prendre l'expression omission dans un sens très large et de considérer qu'il n'existe pas de moyen.terme entre le bien et le mal, il y aurait dans le fait de mal faire une omission générale de faire le bien, *omittere bonum* étant synonyme de *facere malum*. Mais alors il ne serait pas très difficile de trouver à la base de tout acte illicite, aussi bien délictuel que quasi délictuel, une omission de faire le bien. Ce point de vue trop général ne saurait donc être admis.

On doit convenir, d'autre part, que dans les différentes hypothèses où le droit romain voit la source d'une obligation *quasi ex delicto*, il n'y a pas nécessairement faute par omission.

Le *judex qui litem suam facit* peut être recherché sans doute pour n'avoir pas accompli certaines formalités que lui impose sa fonction, pour n'avoir pas, par exemple, siégé au jour convenu. Mais lorsqu'il rend une mauvaise sentence, ne fût-ce que par imprudence, lorsqu'il dépasse la *taxatio* prévue dans la condamnation de la formule (1), ne commet-il pas une faute positive, une faute par commission ?

Il paraît difficile de soutenir le contraire.

Dans les autres cas d'obligation *quasi ex delicto*, l'idée d'une faute par omission est plus acceptable, car la personne responsable a généralement péché par défaut de vigilance, mais encore cette présomption est-elle sujette à discussion.

D'un autre côté, l'étude des rapports entre l'obligation *quasi ex delicto*, considérée comme sanction d'une omission, et l'obligation délictuelle de la loi Aquilia suffirait à faire écarter cette seconde théorie.

C'est qu'en effet, dans les hypothèses d'*imprudentia*, où

____

(1) Gaius, *Inst.*, IV, § 52.

joue la loi Aquilia, on constate qu'il y a souvent encore simple omission, manque de vigilance, comme dans le cas du bûcheron qui tue un esclave en laissant choir sur lui une branche, ou du médecin qui, après avoir opéré un malade, ne le soigne pas ou le soigne mal (1).

N'y a-t-il pas, d'ailleurs, un rapport étroit entre l'idée d'*imprudentia* et celle de faute par omission? L'imprudence ayant généralement sa source dans un défaut de précautions, le plus souvent les cas d'*imprudentia* sanctionnés par la loi Aquilia ou relevant du domaine des obligations *quasi ex delicto* sont des cas de faute par omission et réciproquement.

Ainsi, ce second critérium proposé, si voisin du précédent, ne répond pas plus que lui à un caractère spécifique des obligations *quasi ex delicto*, puisqu'il ne leur est ni commun, ni spécial.

SECTION III

Troisième théorie : L'obligation « quasi ex delicto » ne viserait que l'hypothèse de la responsabilité du fait d'autrui.

7. — On dit encore que les actions *quasi ex delicto* sanctionneraient des cas de *responsabilité du fait d'autrui* (2).

Sans doute, cette conception peut se soutenir pour les actions *de effusis et dejectis* et pour celle donnée contre les aubergistes, les patrons de navire et les maîtres d'écurie à

---

(1) Inst., IV, 3, §§ 5, 6, 7; D., IX, 2, 8, § 1, et 7, 8 et 9 en général. V. *supra*, p. 41, nᵒˢ 1 à 5.

(2) Rotondi, *op. cit.*, p. 489 sq.; Demangeat, *Cours de droit romain*, t. II, p. 416-417, qui paraît faire appel à ce critérium tout au moins pour l'action *de effusis et dejectis* et celle contre les aubergistes, patrons de navire et maîtres d'écurie.

raison des délits commis par ceux dont ils emploient les services.

Les textes de la compilation sont en ce sens (1).

A la rigueur, peut-on l'admettre encore pour l'action *de
positis_et suspensis*, bien que, comme nous avons essayé de le
démontrer précédemment (2), il s'agisse plutôt d'un cas de
responsabilité que nous avons qualifié de réelle.

Mais que penser de l'exactitude de ce critérium appliqué
au cas du *judex qui litem suam facit?*

Faut-il admettre qu'il y aurait eu responsabilité du fait
d'autrui en ce sens que le juge était tenu pour responsable
des instructions que lui avaient données le magistrat et, en
particulier, des conséquences d'une rédaction défectueuse de
la formule?

Rien ne permet de se livrer à une interprétation aussi
fantaisiste et purement hypothétique, qui va à l'encontre des
principes ordinairement admis en matière de responsabilité
du fait d'autrui, puisqu'ici le juge se trouve dans un état de
dépendance vis-à-vis du magistrat, et que ce serait par conséquent le préposé qui répondrait des actes de son maître,
alors que la situation normale est exactement inverse.

D'ailleurs, si les obligations *quasi ex delicto* avaient toujours eu leur source dans des cas de responsabilité du fait
d'autrui, il faudrait admettre que le délit sanctionnait toujours
le fait propre de la personne tenue.

Or, en parcourant les textes relatifs à la matière du délit,
on se convainct sans difficulté de la fausseté de cette contre-
proposition. On sait, en effet, que la loi Aquilia s'applique à

------

(1) Inst., IV, 5, §§ 1 et 3; D., IX, 3, 1, § 9; 5, § 1; 6, § 2; D., XLIV, 7,
5, §§ 5 et 6.

(2) *Supra,* p. 37.

des cas de responsabilité du fait d'autrui et qu'elle considère le maître comme responsable de sa *culpa in eligendo* (1).

Ce critérium n'apparaît donc pas plus satisfaisant que les précédents, puisqu'il ne peut s'appliquer à toutes les obligations *quasi ex delicto* et, d'un autre côté, à elles seulement.

SECTION IV

Quatrième théorie : L'obligation « quasi ex delicto » ne viserait que l'hypothèse de la responsabilité du risque créé.

8. — Vaincu par ces arguments, Kübler a proposé récemment (2) d'admettre que la notion d'obligation *quasi ex delicto* répondrait à l'idée de *responsabilité du risque* que l'on a créé. On sait que la théorie de la responsabilité du risque créé procède d'une conception moderne, suivant laquelle le propriétaire est responsable, en cette qualité et abstraction faite de toute idée de faute, des dommages que sa chose peut causer à autrui (3). Or, Kübler fait observer notamment que dans les actions *de effusis et dejectis, de positis et suspensis*, et dans les actions données contre les aubergistes, les patrons de navire et les maîtres d'écurie, la garantie est due par le maître en raison des fautes commises par ses préposés, sans avoir égard à sa faute personnelle. C'est-à-dire que l'intéressé est garant parce qu'il met en danger des intérêts étrangers.

Ce n'est pas la faute qui est la source de la garantie que l'on exige du maître, mais la situation dangereuse qu'il crée,

----

(1) D., IX, 2, 27, § 9; 27, § 11; *supra*, p. 40.
(2) *Op. cit.*
(3) Planiol, *Droit civil*, p. 307, n°ˢ 927 sq.; Colin et Capitant, p. 400 sq.

et la garantie n'est pas due par le coupable, mais par le
maître intéressé.

Nous avons nous-même mis en relief, à différentes reprises,
le caractère objectif qui se dégage de l'étude de ces obligations *quasi ex delicto*, notamment de celle dont est issue
l'action *de positis et suspensis* (1).

Comme le dit Ihering (2) :

« Il s'agit de cas tout spéciaux et déterminés par des motifs
d'intérêt public (*utilitas publicae causa*) où le droit romain
admet une responsabilité à raison de faits commis par d'autres
personnes et sans qu'on puisse alléguer une faute personnelle. »

Nous avons été frappée nous aussi, en étudiant dans le
Digeste le titre *de effusis et dejectis*, de voir avec quelle
insistance on fait valoir l'intérêt de la sécurité publique et
comme on glisse sur l'idée de faute chez le maître, surtout
en ce qui concerne l'action *de positis et suspensis*.

Les Instituts et les autres textes du Digeste qui traitent
de ces actions (3) ne font guère davantage allusion à cette
faute ; et Kübler affirme avec raison que :

« La faute ne paraît pas indispensable, si elle est possible,
dans les obligations *quasi ex delicto*. »

C'est sans doute en vertu de cette idée de responsabilité
du risque, que certains auteurs ont fait rentrer dans la catégorie des obligations *quasi ex delicto* l'action donnée au cas
de dommage causé par les animaux, la *cautio damni infecti*,
et l'action *aquae pluviae arcendae* (4).

---

(1) *Supra*, p. 24, 37, 45.

(2) *Esprit du droit romain. La faute en droit privé*. Trad. O. de Meulenaere, 1880, p. 51.

(3) Inst., IV, 5, §§ 1 sq.; D., XLIV, 7, 5, § 5.

(4) *Supra*, p. 29.

Ainsi donc, si la thèse de Kübler se trouvait vérifiée, la théorie du risque que l'on considère comme une des créations doctrinales et jurisprudentielles les plus originales et les plus hardies de notre droit moderne, plongerait déjà de profondes racines dans le droit romain.

Mais la pierre d'achoppement de cette thèse apparaît toujours dans la matière du *judex qui litem suam facit*.

Il semble impossible, en effet, de concevoir que la responsabilité du juge ait son fondement dans une idée de risque.

C'est ce que reconnaît sans difficulté Kübler (1).

Il serait inadmissible de croire, dit-il, que les Romains aient pensé que le procès constitue une institution dangereuse, de sorte que celui qui a le courage de l'affronter doive en supporter les risques.

Il y a cependant quelque chose de vrai dans cette conception, fait-il observer, car il est des hommes qui, de nos jours, en cas de litige, aiment mieux faire abandon de leur droit que d'en arriver à engager une instance ; l'expression *experiri*, que les Romains emploient au sens d'intenter une action, est très significative à cet égard.

On peut soutenir encore en faveur de cette conception, continue-t-il, que celui qui fait valoir son droit en justice ignore quel sera le juge qui devra statuer sur son sort et que c'est la raison pour laquelle on pourrait mettre à la charge de ce dernier le dommage qu'il est susceptible de causer (2).

Mais, en dépit de toutes ces suppositions, Kübler est bien obligé d'avouer qu'on ne peut pas sérieusement attribuer aux Romains l'idée que le procès est un risque contre lequel le

---

(1) *Op. cit.*, p. 222 notamment.

(2) Il compare à cet égard le cas du *judex qui litem suam facit* à la tutelle, la gestion d'affaires et l'indivision héréditaire, *op. cit.*, p. 222 sq.

juge doit garantir les plaideurs, solution d'autant moins admissible, croyons-nous, que le juge romain, bien qu'il ne fût pas un fonctionnaire, était dans l'obligation de rendre une sentence.

Aussi Kübler en arrive à éliminer l'obligation du *judex qui litem suam facit* de la catégorie des obligations *quasi ex delicto,* puisqu'il ne peut la rattacher à l'idée de responsabilité du risque.

Mais cette méthode, qui consiste à supprimer l'obstacle au lieu de le vaincre, nous paraît inacceptable en présence des textes de la compilation qui affirment, d'une manière tout à fait formelle, que le juge est tenu *quasi ex delicto.*

C'est pourquoi et en dépit de l'intérêt que présente cette conception, nous ne pouvons admettre que l'idée de risque soit à la base de la responsabilité *quasi ex delicto* (1).

Tels sont les différents critères internes que l'on a cru pouvoir dégager de l'examen de la nature même des obliga-

---

(1) Si nous n'avions pas été arrêtée par cette difficulté, nous aurions été d'autant plus tentée de souscrire à la théorie de Kübler que l'idée de risque apparaît, d'autre part, comme absolument étrangère aux obligations délictuelles. — Le délit se caractérise surtout par la responsabilité subjective de son auteur. L'acte répréhensible est peut-être moins puni en raison du dommage qu'il occasionne à la victime que de l'intention malicieuse ou simplement coupable qu'il suppose chez celui qui l'a commis. — Cette conception est d'ailleurs parfaitement en harmonie avec la confusion du point de vue pénal et du point de vue civil dans le droit romain. — Tous les délits énumérés par les textes de la compilation supposent en effet une faute ou une présomption de faute; on ne peut en douter dans les cas de *furtum,* d'*injuria,* de *rapina;* et en ce qui concerne le délit de la loi Aquilia lui-même, les textes du Digeste insistent fréquemment sur l'idée de *culpa,* d'*injuria;* notamment IX, 2, 5, §§ 1 et 2; 5, § 2, seconde phrase, dit notamment que l'action de la loi Aquilia ne s'applique pas *si tegula ceciderit,* parce qu'il n'y a pas de *culpa.* Cpr. avec l'action *de positis et suspensis.*

Chastaignet　　　　　　　　　　　　　　　　　　4

tions *quasi ex delicto* et de leur comparaison avec le délit.

Aucun d'eux ne permet d'individualiser nettement ce que les textes qualifient d'obligations *quasi ex delicto* et d'extraire de celle-ci une notion commune et indépendante.

SECTION V

Théorie faisant découler les caractères spécifiques des obligations « quasi ex delicto » des sources formelles dans lesquelles elles sont englobées.

9. — En face de ces difficultés, certains auteurs ont cru bien bon de rechercher le caractère spécifique de ces obligations, non plus dans l'examen de leur nature intime, mais dans celui de leurs sources formelles, en mettant surtout en valeur l'antithèse fondamentale qui réside entre le droit civil et le droit prétorien.

Ils ont été amenés de la sorte à ériger des théories, dont deux surtout sont connues.

Pour certains d'entre eux, l'obligation *quasi ex delicto* a sa source dans un fait qui n'a pu prendre place dans l'énumération de l'ancien droit civil et auquel cependant le préteur ou le nouveau droit civil, les constitutions impériales ou les sénatus-consultes ont attaché une sanction à raison du dommage qu'il cause à autrui (1).

C'est la même idée qui préside en droit romain à la distinction du contrat et de la convention.

____

(1) Ortolan, *Explication historique des Institutes de Justinien*, t. III, p. 411, n° 1715; Desenne, thèse Paris, 1874, *Des obligations qui naissent des délits et des quasi-délits en droit romain et en droit français*, p. 6 et 75; Petit, *op. cit.*, p. 468, § 462; Arangio Ruiz, *Corso di Istituzioni di diritto romano (Diritti reali e di obbligazione)*, 1 vol., Naples, 1921, p. 167-169, 174, 257, 272, § 3.

Suivant cette théorie, l'obligation *quasi ex delicto* est celle qui a sa source dans un acte délictueux, sanctionné par une action prétorienne *in factum*.

Pour d'autres auteurs, le champ d'application de l'obligation *quasi ex delicto* est plus limité encore. Il ne s'étend qu'aux actes délictueux qui ne sont pas sanctionnés par une action spéciale, civile ou prétorienne (1).

Que les actions *de effusis et dejectis, de positis et suspensis* et les actions données contre les hôteliers, les patrons de navires et les maîtres d'écurie ne soient ni civiles, ni spéciales, nous l'admettons; mais ces deux théories sont battues en brèche dans le cas du *judex qui litem suam facit,* si l'on considère, comme nous l'avons déjà dit (2), qu'il s'agit là d'un cas d'acte illicite qui a été connu et sanctionné, dès l'époque des actions de la loi, par une action civile spéciale qui, à la ressemblance de ce qui s'est passé pour l'action d'injure, a dégénéré ensuite en action prétorienne *in factum*.

Ajoutons également que les obligations *quasi ex delicto* ne sont pas les seules à avoir été sanctionnées en droit romain par une action générale, étrangère à l'ancienne législation civile; il en a été de même de toutes les actions pénales *in factum* qui ne sont rangées cependant dans aucune catégorie spéciale d'obligation.

Cette dernière objection pourrait être également adressée à une théorie soutenue par M. Petit (3), aux termes de laquelle

---

(1) Accarias, *Précis de droit romain,* 4ᵉ édit., p. 452, n° 665, n. 2, t. II.

(2) *Supra,* p. 15.

(3) *Op. cit.,* p. 274, n° 266. Remarquons que cet auteur nous dit, p. 469, n° 462, que les obligations nées *quasi ex delicto* étaient nombreuses, mais il est dans l'impossibilité d'en citer d'autres en dehors des quatre cas traditionnels.

est obligation *quasi ex delicto* toute obligation reposant sur un fait illicite qui ne rentre pas dans la catégorie de celles que le droit romain qualifie de délictuelles.

Il n'en faut pas moins savoir gré à tous ces auteurs d'avoir insisté sur l'origine prétorienne des obligations *quasi ex delicto*, le caractère *in factum* de leurs actions ; car ce trait, s'il ne leur est pas spécifique, est cependant mis en relief par les textes, ainsi que nous l'avons constaté en décrivant les différents cas d'obligations *quasi ex delicto*.

On peut, d'ailleurs, s'expliquer d'une manière très plausible que toutes les actions pénales *in factum* ne soient pas quasi délictuelles ; le groupe des obligations dont elles sont issues a dû se constituer d'une manière concrète, essentiellement conforme à la tournure d'esprit des Romains.

Il est à supposer qu'il s'est formé cas par cas, sans qu'aucun principe général ait présidé à son élaboration. On conçoit donc que, dans ces conditions, de nombreux actes illicites, qui, en raison du caractère *in factum* des actions qui les sanctionnaient, auraient dû participer de cette nature *quasi ex delicto*, soient demeurés isolés de ce groupe.

10. — Si maintenant, arrivés à ce point de notre étude, nous jetons un regard en arrière pour mesurer le chemin parcouru et dégager les résultats actuels de nos recherches avant de les poursuivre, nous pouvons ainsi résumer les conclusions auxquelles nous avons abouti.

A la différence des obligations *quasi ex contractu*, qui présentent un caractère commun et très perceptible, même de prime abord, aux différents actes juridiques dans lesquels elles puisent leur source : nous voulons parler de l'absence d'accord de volonté (1), il n'y a pas de trait commun qui se

---

(1) *Supra*, p. 11 et 12.

dégage d'une manière aussi nette et concordante des différents cas d'obligations *quasi ex delicto,* en dehors de leur
caractère illicite.

Si cette obligation ne peut se comparer à l'obligation contractuelle ou quasi contractuelle en raison de sa nature illicite, si l'action qui la sanctionne présente cette caractéristique spéciale de n'être à la fois ni pénale, ni cependant
encore réipersécutoire, ces éléments sont insuffisants à justifier son existence indépendante.

En revanche, on a constaté sans difficulté qu'une parenté
étroite unit l'obligation délictuelle de la loi Aquilia et les
obligations *quasi ex delicto*; de ce fait, la question qui se
pose immédiatement est celle de savoir pourquoi on n'a pas
fait entrer les quatre cas d'obligations *quasi ex delicto* dans
le cadre plus large des obligations de la loi Aquilia.

Les textes ne se sont pas préoccupés de la résoudre, et
toutes les théories proposées ne nous donnent qu'incomplè-
tement satisfaction, tant sur la détermination de la nature
spécifique de l'obligation *quasi ex delicto* que sur celle de ses
rapports avec l'obligation Aquilienne.

Elles présentent cependant un point commun qu'il est
intéressant de relever, car il doit évidemment correspondre
à une communauté de nature entre les diverses obligations
quasi ex delicto.

C'est dire que dans toutes ces théories, si on fait intervenir l'idée de faute, comme dans le délit de la loi Aquilia,
c'est l'idée de faute non intentionnelle ou simplement présumée exclusive de dol, et ceci quelle que soit la forme dont
on la revête : imprudence, omission, responsabilité du fait
d'autrui ou du risque.

La notion d'imputabilité paraît, en effet, jouer un rôle
beaucoup moins important dans les obligations quasi délic-

tuelles que dans celles qui découlent du délit de la loi Aquilia, lequel suppose une faute sinon un dol.

Or, à notre avis, il ne saurait y avoir quasi-délit en cas de dol, le juge qui s'en rend coupable commettant un délit (1), et, d'autre part, les textes qui traitent des obligations *quasi ex delicto* précisent souvent qu'il n'y a même pas simple *culpa*. Telles les Institutes, IV, 5, § 1, et le D., LXIV, 7, 5, § 5, qui spécifient que l'on est tenu *ob alterius culpam*, d'où l'on peut conclure par argument a contrario qu'il n'y a pas faute véritable de la personne considérée comme responsable ; tels aussi les Institutes, IV, 5, § 3, et le D., XLIV, 7, 5, § 6, qui disent que le maître répond des fautes de ses préposés, *si modo ipsius nullum est maleficium*.

En un mot, il semble que l'on voit se dégager des textes de la compilation une notion encore imprécise et confuse, à l'état embryonnaire d'obligation *quasi ex delicto*; notion qui, tout en s'apparentant étroitement à celle du délit aquilien, tend à s'en séparer par son origine prétorienne, la nature non intentionnelle, c'est-à-dire exclusive de dol de la faute qui est à sa base, et le caractère *in factum* qui n'est à la fois ni réipersécutoire ni pénal de l'action qui la sanctionne.

Mais que la ligne de démarcation entre le délit aquilien et l'obligation *quasi ex delicto* soit nettement établie; qu'il y ait là une conception véritablement typique, née spontanément sous la poussée des principes et sous l'empire des nécessités juridiques, c'est là un point beaucoup plus discutable, et c'est aussi ce qu'il nous reste à vérifier.

Remarquons, d'ailleurs, que cette distinction entre le délit Aquilien et le quasi-délit paraît d'autant plus artificielle qu'elle ne présente qu'un intérêt purement théorique.

---

(1) *Supra*, p. 38, n° 3, et 39.

On concevrait en effet logiquement qu'à une faute exclusive de dol, et le plus souvent présumée, correspond une atténuation de la responsabilité.

Cependant il n'en est rien, et dans certains cas mêmes, comme celui de l'action *de effusis et dejectis*, de celle donnée contre les *nautae, caupones, stabularii*, la peine est aggravée par rapport à celle de la loi Aquilia, puisqu'elle est toujours du double du préjudice souffert, sans *infitiatio* ni *culpae mentio* (1).

On s'explique mal l'intérêt pratique qu'a pu avoir pour les Romains une telle distinction.

Il s'agit donc de savoir s'il n'y a pas dans l'idée d'obligation *quasi ex delicto* une conception purement artificielle, ne s'appuyant sur aucune notion réelle.

Est ce la théorie de la faute atténuée qui a provoqué le quasi-délit ou l'inverse ?

N'a-t-on pas adopté le terme et la classification d'obligation *quasi ex delicto* avant d'avoir trouvé cette interprétation ? C'est ce qu'un essai critique sur l'histoire de l'obligation *quasi ex delicto* en droit romain nous apprendra peut-être.

____

(1) V. notamment D., IX, 3, 1, § 4.

CHAPITRE IV

Essai critique sur l'histoire de l'obligation
« quasi ex delicto ».

———

11. — En présence de l'échec des tentatives doctrinales de conciliations plus ou moins arbitraires, nous ne voyons qu'une méthode susceptible de nous éclairer sur la nature de l'obligation *quasi ex delicto* chez les Romains : c'est la méthode historique et critique des textes.

Aussi, dans cette partie de notre étude, la plus délicate d'ailleurs, nous allons être amenée à nous demander comment est née cette conception, comment elle a évolué et si les textes de la compilation expriment la dernière phase de cette évolution.

La notion d'obligation *quasi ex delicto* date-t-elle du droit classique ; est-ce, au contraire, une création du droit post-classique ou byzantin ?

L'étude critique des textes relatifs à cette obligation permettra seule de répondre à la question ; grâce à elle, nous pourrons peut-être discerner parmi eux différentes couches historiques et voir à la suite de quels procédés d'adaptation et de superposition il a pu être question, dans la compilation, d'une obligation *quasi ex delicto*.

On constate aisément tout d'abord que ces textes sont rares et d'une époque récente.

Un peut même dire qu'en réalité on ne trouve dans toute la compilation qu'un seul texte classique qui s'intéresse aux obligations *quasi ex delicto* (1).

C'est un texte de Gaius, emprunté au livre II de ses *Aurei* ou *Res cottidianae* (2), qui fait allusion à l'obligation *quasi ex delicto*; il a dû servir de modèle aux autres passages de la compilation qui parlent à leur tour de cette obligation et qui n'en sont, sans doute, qu'une fidèle copie (3).

Certains autres fragments de la compilation examinent des hypothèses dans lesquelles, dans les passages que nous venons de signaler, on voit la source d'une obligation *quasi ex delicto*; tels celui du D., V, 1, 15 et 16, sur le *judex qui litem suam facit* et le long titre III du livre IX, *de his qui effuderint vel dejicerint*; tels aussi le D., IV, 9, *nautae, caupones, stabularii ut recepta restituant*, et le D., XLVII, 5, *Furti adversus nautas, caupones, stabularios.*

Mais ces divers textes ne paraissent établir aucune relation directe entre les cas qu'ils examinent et l'obligation *quasi ex delicto*; on peut seulement signaler l'influence d'Ulpien au D., IX, 3, 1, § 7, lorsqu'il nous dit, à propos de l'action *de effusis et dejectis* :

> Cum servus habitator est utrum noxalis actio danda est, quia non est ex negatio gesto? an de peculio quia non ex delicto servi venit.

---

(1) *Supra,* p. 10.

(2) Rapporté au D., LXIV, 7, 5, § 4.

(3) Inst., IV, 5; D., L, 13, § 6. Ce dernier passage n'a trait qu'au cas du *judex qui litem suam facit*. Il est vrai aussi qu'aux Inst., III, 13, figure la célèbre division quadripartite des sources des obligations, parmi lesquelles on rencontre l'obligation *quasi ex delicto;* mais ce texte ne remonte qu'à Justinien; il n'a rien de classique.

Malheureusement, comme le fait remarquer M. Vizioz (1), Ulpien ne pensait pas à une action *quasi ex delicto*.

En dehors de la compilation, on trouve l'expression *quasi ex delicto venerit liberti* employée dans le fragment *de Formula Fabiana* attribué à Paul; cependant, il n'y aurait pas là, croyons-nous avec M. Girard, l'expression d'une nouvelle obligation *quasi ex delicto*, mais une simple rencontre fortuite avec la division indiquée seulement par Gaius et par Justinien (2).

Dans les autres sources étrangères à la compilation qui traitent des hypothèses que nous avons étudiées comme donnant naissance à une obligation *quasi ex delicto*, il n'est pas davantage question de cette obligation (3).

Le Code Théodosien ne nous parle pas lui non plus de l'obligation *quasi ex delicto*, pas plus qu'il ne s'est intéressé à l'obligation *quasi ex contractu*.

Il fait cependant allusion au cas du *judex qui litem suam facit*, dans un passage ainsi conçu :

> Interpositas appellationes a praejudicio vel ab executione damnantes et eum qui ab istius modi titulis provocaverit et officium, quod non renuntiavit quinquagenas argenti libras fisco nostro jubemus inferre, litem suam faciente judice qui recipit (4).

Mais ce texte, le seul à notre connaissance de tout le Code Théodosien qui fasse allusion à une des hypothèses donnant naissance à une obligation *quasi ex delicto*, est muet sur cette

---

(1) *Op. cit.*, p. 96, note 2.

(2) Girard, *Droit romain*, p. 671, n° 4; *Textes*, p. 457.

(3) Gaius, lib. IV, § 52; *Fragment de Strasbourg des Disputationes d'Ulpien*, lib. III, § 11, dans les textes de Girard.

(4) *Code Théodosien*, lib. XI, 36, 16 (364, oct. 8); Impp. Valentinianus et Valens., A. A. ad Symmachum Praefectum Urbi.

source d'obligation comme sur les autres cas de quasi-délit.

Ainsi les seuls fragments qui traitent réellement de l'obligation *quasi ex delicto* ne se rencontrent que dans la compilation (1).

On ne peut s'empêcher d'être surpris, en comparant leur origine et leur date, du silence de plusieurs siècles qui règne dans cette matière entre Gaius, d'une part, et Justinien, de l'autre. Ni avant le premier, ni entre les deux, aucun jurisconsulte romain connu ne nous parle de l'obligation *quasi ex delicto* ou même ne nous la laisse simplement pressentir.

Et cependant, son existence nous paraît avoir été trop catégoriquement affirmée par Gaius pour que nous n'en trouvions pas trace chez ses prédécesseurs et ses successeurs immédiats. On a peine à croire que cette notion ait été une création spontanée de Gaius, puis qu'elle se soit effacée après lui, au point que personne ne signale plus son existence pendant des siècles, pour reparaître plus vivace encore avec Justinien (2).

Mais pour nous faire un avis solidement établi sur semblable matière et apprécier la classicité ou, au contraire, le caractère postclassique sinon byzantin de la notion d'obligation *quasi ex delicto*, il nous faut étudier maintenant le contenu des textes qui y font allusion.

---

(1) On trouve aussi, rapporté dans la *Patrologie latine* de Migne, t. LXI, p. 340, *Operum Sancti Paulini Episcopi*, le passage suivant de saint Paulin, B, § 20 : *Item in seculo corrupti muneribus reorum judicis condemnantur* (Exod., XXIII, 8; Deut., XVI, 19) : *sed quisquis homo praeventus in aliquo peccato, diffidens innocentiae tuae, affere pretium salutaris tuae judici nostro, ne verearis quasi corruptionis injuriam justitiae Dei facere.* Mais il ne semble pas exister de rapport entre ce *quasi corruptionis* et l'obligation *quasi ex delicto*.

(2) Vizioz, *op. cit.*, p. 79.

12. — Betti fait observer, très justement que pour se faire une opinion critique sur la classicité du contenu d'un texte, celui qui l'examine doit se poser successivement deux questions ou deux groupes de questions (1) : d'une part, celle de savoir si, et dans quelle mesure, le contenu du passage étudié peut s'expliquer par le point de vue du droit classique, et celle de savoir, d'autre part, s'il est explicable, au contraire, à la lumière des nouvelles opinions et des nouveaux concepts dogmatiques du droit postclassique et de Justinien.

Il ajoute, en outre, que, pour justifier une interpolation, il ne suffit pas d'avoir établi la conformité du texte avec les vues du droit nouveau, mais qu'il faut arriver à démontrer l'existence d'une véritable opposition entre celui-ci et les concepts, ainsi que les principes du droit classique.

C'est en nous inspirant de cette réflexion de Betti que nous allons étudier l'évolution historique de la notion d'obligation *quasi ex delicto*, essayant de voir successivement si les textes qui font allusion à cette obligation sont en harmonie avec les conceptions du droit classique et, dans l'affirmative, dans quelle mesure; si, au contraire, et jusqu'à quel degré, ils peuvent s'expliquer par le point de vue postclassique et de Justinien, en opposition avec celui du droit classique.

Pour savoir si l'idée d'obligation *quasi ex delicto*, considérée comme classe distincte d'obligation, s'accordait avec les principes du droit classique, nous croyons qu'il faut l'envisager dans le large cadre de la classification générale des obligations avant de l'examiner en elle-même; notre attention devra se porter surtout sur l'analyse de la conception du délit classique.

____

(1) Betti, *Archivio giuridico*, 4e série, vol. IX, fasc. 2, p. 267 sq., avril 1925; *Le fonti d'obbligazione e i problemi storici della loro classificazione.*

Nous aurons à comparer le *delictum* au *negotium*, et si nous arrivons à démontrer que le premier comme le second a un sens très large, que le *delictum* embrasse d'autres actes illicites que les quatre *delicta privata* étudiés aux Inst. (1), et notamment nos obligations *quasi ex delicto*, comme le *negotium*, englobe d'autres obligations licites que celles nées du contrat, telles les obligations *quasi ex contractu* (2), nous aurons introduit de sérieux arguments contre l'existence en droit classique d'une catégorie spéciale d'obligations : celle des obligations *quasi ex delicto*.

Il nous restera alors à voir si cette opinion est confirmée par l'étude des textes qui traitent de cette obligation envisagée en elle-même.

Si, en effet, par la critique des textes nous arrivons à démontrer qu'ils sont d'une authenticité douteuse et présentent des traces d'une interpolation certaine due à la plume des compilateurs, nous aurons par là même établi que le quasi-délit n'est pas une institution classique, mais date d'une époque postérieure qu'il y aura lieu de déterminer.

Mais, à supposer que nous acquérions la conviction qu'il n'y a pas eu en droit classique de notion d'obligation *quasi ex delicto* ayant une existence indépendante, il faudra peut-être rechercher cependant si l'expression *quasi ex delicto*, elle, n'a pas été employée dès l'époque classique et si elle ne contenait pas le germe de cette notion dont l'éclosion a dû se faire dans le droit postclassique ou byzantin ; dans l'affirmative, il y aura lieu de déterminer le processus de cette évolution.

13. — Au début de l'empire romain et peut-être dès la

---

(1) Inst., IV, 1 à 4.
(2) Vizioz, *op. cit.*, p. 44 sq.

fin de la République, on classe les obligations, suivant leur mode de formation, en deux grandes catégories ; double catégorie qui, à notre avis, dominera toujours la matière des obligations en droit romain ; ce sont : d'un côté, les obligations nées d'un délit ; de l'autre, les obligations résultant d'un acte licite (1).

L'idée qui domine la distinction des délits (2) et des contrats (3) est celle d'une antithèse entre l'acte licite et l'acte illicite (4). On peut donc admettre, dans ces conditions, qu'il ne soit pas question, à cette époque, d'obligation *quasi ex delicto*, pas plus que d'obligations *quasi ex contractu* ; les cas dans lesquels elles trouveront plus tard leurs sources s'absorbent dans l'une ou l'autre des deux catégories dominantes, suivant qu'ils présentent un caractère illicite ou licite.

Puis, suivant les auteurs (5), Pedius marquerait une nouvelle étape dans le domaine contractuel. On aurait alors réservé le nom de *contractus* aux conventions sanctionnées par le droit civil (6).

Mais cette thèse a été vivement combattue, après Perozzi, par M. Vizioz (7), pour lequel les textes qui servent de base à cette conception sont interpolés.

En admettant, d'ailleurs, qu'ils soient purs, cela n'a pour nous qu'un intérêt secondaire.

---

(1) Comme la parole (stipulation) ou la remise d'une chose (*mutuum*, paiement de l'indu), et l'acte synallagmatique (vente) : Girard, *op. cit.*, p. 408-409 ; Cuq, *op. cit.*, p. 383 ; Vizioz, *op. cit.*, p. 40.

(2) *Delicta-maleficia*.

(3) *Negotia*.

(4) Vizioz, *op. cit.*, p. 41.

(5) Et particulièrement, Cuq, *op. cit.*, p. 383.

(6) D., II, 14, 1, §§ 1 à 3 ; D., LXIV, 7, 55 ; D., LXV, 1, 1, § 3 ; D., XLVI, 3, 80 ; D., L, 16, 19 ; *Inst.* de Gaius, III, § 88 ; III, § 182 ; IV, § 2.

(7) *Op. cit.*, p. 44 sq.

Ce qu'il y a lieu de nous demander, c'est si, à la même époque, on constate chez les jurisconsultes classiques un effort tendant à une étude approfondie du *delictum* entendu dans un sens large pour en dégager une notion d'obligation *quasi ex delicto* ou en préparer l'apparition ultérieure, à côté du *delictum* au sens étroit s'opposant plus particulièrement au *contractus*.

C'est alors que nous pourrons établir une comparaison entre les résultats auxquels nous auront conduit nos recherches sur le processus de l'évolution de la notion de *delictum* et d'obligation *quasi ex delicto* en droit classique et les solutions auxquelles sont arrivés les auteurs dans la matière du *contractus* et de l'obligation *quasi ex contractu*.

L'étude des rapports entre l'obligation délictuelle et l'obligation *quasi ex delicto* apparaît comme fondamentale pour acquérir une idée nette de la formation et de l'évolution de cette dernière.

Les textes classiques qui nous ont été rapportés dans la compilation de Justinien ne contiennent qu'assez peu de développements sur la notion du délit. Ils citent et décrivent les différents actes délictueux, sans avoir, conformément à la tournure classique, spiritualisé la notion qui était susceptible de s'en dégager.

Si les jurisconsultes classiques ont tenté des efforts sur les résultats desquels on est loin de s'entendre dans l'analyse de la notion de *contractus*, ils n'ont pas cru que le *delictum* méritait d'attirer leur attention au même degré ; on peut en trouver l'explication dans le caractère essentiellement concret du *delictum*, qui naît brutalement d'un fait illicite, évoquant avant tout l'idée de répression avant qu'il ne soit question de réparer le préjudice qu'il occasionne.

Or, un simple fait ne semble pas fournir d'occasion à des

subtilités d'analyse et d'interprétation qui peuvent, au contraire, se déployer dans le champ du *negotium* et du *contractus*.

L'incertitude dans laquelle nous laissent les textes en la matière a été la cause de divergences entre les interprètes du droit romain classique.

On est d'accord pour convenir que le délit consistait à cette époque dans un fait illicite et nuisible, de nature normalement positive (1) et intentionnelle. Mais comme ces caractères ne sont pas spécifiquement délictuels (2), certains auteurs restreignent, en outre, la qualification de délit au fait illicite et dommageable qualifié tel par l'ancien droit civil et pourvu par lui d'une action spéciale, tandis que d'autres étendent cette qualification à tout fait illicite puni par une action spéciale civile ou prétorienne.

Cependant, en dépit de cette nouvelle précision, comme il s'agit encore là d'un caractère qui n'est pas strictement réservé aux quatre délits que nous énumèrent les compilateurs, mais qui est susceptible de se retrouver dans les autres actes illicites qu'ils qualifieront de quasi-délits ou dans ceux plus simplement sanctionnés par une action pénale *in factum*, il est très légitime d'en conclure que les uns comme les autres rentraient, en droit classique, dans la vaste catégorie du *delictum* s'opposant à celle du *negotium*.

En faveur de cette opinion, nous pouvons faire valoir le témoignage des textes eux-mêmes; les jurisconsultes classiques ne paraissent pas avoir réservé l'expression de *delictum* aux

---

(1) Ihering, *Esprit du droit romain*, trad. O. de Meulenaere, t. III, p. 112; Inst., IV, 1.

(2) *Supra*, p. 50-51, et références citées en notes; également Savigny, *Droit des obligations*, t. II, p. 462; Ihering, *La faute en droit privé*, p. 31, note 53.

quatre *delicta privata*. Le terme devait avoir pour eux un sens générique d'acte illicite et se trouvait employé en dehors de ces hypothèses.

C'est ainsi qu'Ulpien nous dit (1) :

> Nunc videndum, minoribus utrum in contractibus captis duntaxat subveniatur, an etiam delinquentibus... ;

Que Paul déclare (2) :

> Ex contractibus venientes actiones in heredes dantur, licet delictum quoque versetur ;

Que Pomponius ajoute aussi (3) :

> Statuliberi a ceteris servis nostris nihilo paene differunt ; et ideo quod ad actiones vel ex delicto venientes, vel ex negotio gesto, vel ex contractu pertinet, ejusdem conditionis sunt statuliberi, cujus celeri.

Il paraît ainsi résulter de la littérature juridique classique que le délit est considéré comme une notion extrêmement concrète, nullement systématisée, mais assez large. D'autre part, on oppose cette source d'obligation au *negotium* ou au *contractum*, sans faire allusion à d'autres classes d'obligation, tandis qu'on ne peut nier qu'il y ait eu de bonne heure un effort

---

(1) D., IV, 4, 9, § 2.

(2) Paul, D., XLIV, 7, 49.

(3) Pomponius, D., XL, 7, § 29 pr. ; Vizioz, *op. cit.*, p. 62. — V. encore : D., XLIV, 7, 5, §§ 1 et 2 : *Longe magis is, cujus negotio gesta sunt, ignorans aut contraxisse, aut deliquisse intellegi potest ; eod. tit., 14, servi ex delictis quidem obligantur... ex contractibus autem civiliter quidem non obligantur, red naturaliter et obligantur, et obligant. — Delictum* est encore pris dans un sens très large chez Ulpien : D., XLIII, 19, 2 ; *eod. lib.*, 24, 3 pr. ; D., XLVII, 1. — Hermogenianus déclare aussi, D., XLIV, 7, 32 : *Quum ex uno delicto plures nascuntur actiones, sicut evenit, quum arbores furtim caesae dicuntur, omnibus experiri permitti, post magnas varietates obtinuit ;* Ihering, *loc. cit.* ; Petit, p. 456, n° 447.

Chastaignet

5

d'analyse de l'obligation licite, du *negotium* ou *contractum*.

Si maintenant nous envisageons la conception de l'obligation *quasi ex delicto* en elle-même, telle qu'elle se dégage des textes de la compilation, nous constatons qu'aucun des critériums auxquels on a essayé de l'identifier ne s'harmonise avec les idées classiques.

Nous avons, en effet, remarqué que tous se ramènent à l'idée de faute atténuée (1), non intentionnelle ou simplement présumée, en tout cas exclusive de dol, s'opposant à celle de faute véritable, le plus souvent intentionnelle en matière de délit de la loi Aquilia, délit auquel les obligations *quasi ex delicto* sont cependant étroitement apparentées.

Mais ces conclusions, auxquelles nous avons abouti en considérant les textes de la compilation d'un point de vue purement descriptif, comme un bloc, et sans distinguer de couches d'âge, concordent-elles avec les données du droit classique ?

Toute la question est de savoir si les jurisconsultes classiques ont connu une théorie de la faute. Dans l'affirmative, il se peut qu'ils aient établi des gradations dans la culpabilité, gradations auxquelles correspondraient les obligations délictuelles et *quasi ex delicto*.

Dans la négative, il est évident qu'il ne peut être question en droit classique de quasi-délit.

Betti nous dit (2) que tous les délits privés de l'antique *jus civile* avant la loi Aquilia ne donnaient lieu qu'à une responsabilité pour dol (*furtum ou injuria*) ou à une responsabilité sans faute, mais non à une responsabilité ayant sa source dans une faute.

Il est d'autre part avéré que la loi Aquilia n'exigeait pas

---

(1) *Supra*, p. 53 et 54.
(2) *Op. cit.*, p. 301 sq.

l'existence d'une faute comme élément essentiel à son entrée
en jeu; elle contenait seulement le terme générique et pour
ainsi dire *iridescent,* remarque Betti, d'*injuria.* Le texte de
cette loi parlait, en effet, de *damnum injuria datum,* l'élément objectif du délit se concrétisant dans le *damnum,*
entendu dans le sens de dommage causé à la chose; son
élément subjectif dans le fait qu'il est *injuria datum,* mais
toute appréciation d'ordre psychologique étant mise de côté :
l'*injuria* à ce moment avait un sens purement objectif d'acte
anti-juridique (1).

Chez les jurisconsultes classiques, à partir de Quintus
Mucius, précise Rotondi (2), il est question de *culpa* à propos
de la loi Aquilia. L'élément subjectif, sur lequel le texte de
la loi se taisait, va faire son apparition, mais il se réduit à la
pure et simple imputabilité : il suffit d'un lien de cause à
effet entre l'acte répréhensible et l'agent qui l'a commis (3).

Rotondi en donne comme preuve que l'on a des hésitations
à admettre que la loi Aquilia ne s'applique pas au fou et à
l'impubère (4).

Il remarque que la décision de Gaius, qui considère comme
responsable le muletier qui n'a pu maîtriser ses bêtes, même
en raison de sa faiblesse, s'explique par le point de vue ancien
de la simple imputabilité entendue comme *culpa,* beaucoup

---

(1) V. les longs développements consacrés à cette matière par Rotondi,
Scritti giuridici, t. II, p. 479 sq.; Albertario, *op. cit.,* p. 506.

(2) *Op. cit.,* p. 481.

(3) Gaius, *Inst.,* III, § 211; Paul, D., L, 17, 169; Ulpien, XLVII, 10,
1 pr. — V. Ferrini, *Dir. Penale Rom.,* p. 250 sq. ; Venezian, *Danno é
risarcimento fuori dei contratti,* p. 83; Leone, *La negligenza nella colpa
contrattuale ed extracontrattuale, Dir. Civ.,* 1915, p. 93, cités par Rotondi,
op. cit., p. 480-481 et en notes.

(4) D., IX, 2, 5, § 2; Cuq, *op. cit.,* p. 555, n° 3.

mieux que du point de vue de la faute, au sens technique du terme (1).

Il fait aussi observer qu'il est admis aujourd'hui que la responsabilité Aquilienne du droit classique était une responsabilité par commission, ainsi qu'il paraît résulter du D., VII, 1, 13, § 2. Or, si cette responsabilité avait été basée sur la faute au sens où nous l'entendons, elle aurait dû s'étendre aussi bien à l'acte dommageable négatif que positif, conclusion à laquelle les compilateurs sont arrivés, mais dans certains textes presque sûrement interpolés (2).

La théorie de la responsabilité pour faute n'est donc pas l'œuvre des jurisconsultes classiques (3).

A plus forte raison ne peut-on, par conséquent, leur attribuer la paternité de la notion d'obligation *quasi ex delicto* basée sur une atténuation de la faute.

14. — C'est pourtant dans un terrain aussi peu préparé à la subtilité des classifications que va germer bientôt une nouvelle division des sources des obligations.

Elle est énoncée, comme nous le savons, par Gaius au D., XLIV, 7, 1, pr. et 5.

Ces deux textes soulèvent des discussions et des difficultés d'interprétation provenant de leur rédaction différente et du compromis que l'on a cherché à établir pour les concilier.

---

(1) D., IX, 2, 8, § 1.

(2) Rotondi, *op. cit.*, p. 485, nᵒˢ 1 et 2.

(3) C'est un point qui paraît définitivement acquis. Rotondi, *op. cit.*, p. 489-490; Arangio Ruiz, *op. cit.*, p. 277-285 et sa bibliographie; Lenel a démontré que la notion de *culpa levis* n'est pas classique, mais post-classique. Z. S. St., t. XXXVIII (ses travaux ont été résumés par M. Boyé, *N. R. H.*, 1926, 558). — *Contra* Binding, Z. S. St., t. XXXIX (Boyé, *N. R. H.*, *ibid.*); à l'opinion de Lenel se range aussi Kunkel, *Diligentia*, Z. S. St., t. XLV, 1925, p. 266-351, et notamment p. 337-351. — V. également Berto Valori, *Un azione noxale nell' antico diritto agiziano*, Arch. giurid., vol. XXVI, fasc. 1, p. 85 sq., et surtout 96.

Dans le premier de ces textes, Gaius nous donne la célèbre division tripartite empruntée au livre II de ses *Aurei* :

> Obligationes aut ex contractu nascuntur, aut ex maleficio, aut proprio quodam jure ex variis causarum figuris.

Or, dans la suite des développements qu'il expose sur cette classification, Gaius, après avoir examiné successivement les obligations *ex contractu* et *ex delicto* (1), nous parle sans autre préambule, sans reprendre sa catégorie de *variae causarum figurae* et nous dire qu'il s'agit là d'une sous-distinction de cette catégorie ou d'un qualificatif qui les embrasse toutes deux, des obligations *quasi ex contractu* et *quasi ex maleficio* dont il n'avait jamais été question auparavant (2).

En présence de ces textes, la première question venue à l'esprit de tous a été de savoir quel rapport pouvait exister entre ce *variae causarum figurae* et les obligations *quasi ex contractu* d'une part, *quasi ex delicto* de l'autre, et on a cherché à expliquer le défaut d'harmonie de nos textes.

La majorité des auteurs croit que Gaius a formulé là une nouvelle classification quadripartite des obligations (3).

Pour M. Girard, les *variae causarum figurae* auraient une origine classique ; mais la nouvelle division quadripartite serait l'œuvre de Gaius.

Accarias pense, lui, que Gaius est le créateur des *variae causarum figurae,* aussi bien que de la division quadripartite des obligations.

---

(1) D., XLIV, 7, 1, §§ 1 à 4 ; D., *eod. tit.*, 4.

(2) D., XLIV, 7, 1, §§ 1 à 4 ; D., XLIV, 7, 5 § 4 sq. ; Vizioz, *op. cit.*, p. 73.

(3) Girard, *op. cit.*, p. 409 ; Accarias, *op. cit.*, t. II, p. 10, n° 492 ; Demangeat, *op. cit.*, n° 149, p. 414 à 417 ; Maynz, *Droit romain*, t. II, 140.

Il explique les obligations *quasi ex contractu* et *quasi ex delicto* par des « rapports plus ou moins superficiels et apparents avec les obligations contractuelles et délictuelles dont le double cadre avait si longtemps enveloppé l'ensemble des obligations.

Ces affirmations catégoriques des auteurs ne sont-elles pas excessives dans leurs termes ?

En effet, comme nous nous sommes efforcée de le démontrer précédemment, l'idée que Gaius a été l'auteur d'une classification nouvelle des sources des obligations, soit tripartite, soit également quadripartite, n'est nullement préparée par la littérature classique antérieure, notamment en ce qui regarde le *delictum* qui nous intéresse ici spécialement; d'autre part, elle est en contradiction avec le reste de son œuvre.

Il faut constater tout d'abord que rien dans les autres ouvrages de Gaius ne permet d'expliquer qu'il ait pu adopter subitement dans ses *Res cottidianae* une nouvelle classification des sources des obligations.

C'est ainsi qu'au livre III, § 88, de ses Institutes, Gaius nous dit encore :

> Nunc transeamus ad obligationes. Quarum summa divisio in duas species diducitur : omnis enim obligatio vel ex contractu nascitur vel ex delicto.

Plus loin, dans son livre IV, § 2, il reprend à nouveau cette division :

> In personam actio est qua agimus cum aliquo qui nobis vel ex contractu vel ex delicto obligatus est, id est cum intendimus, Dare, Facere, Praestare, Oportere.

Comme l'a fait observer très judicieusement M. Vizioz, « il est difficile de croire à un aussi complet changement d'opinion entre les •Instituts, où Gaius, de l'avis de tous, se rattache à la division bipartite des obligations, et les *Res cottidianae*, où, dans les deux fragments rapportés au D., XLIV, 7, 1 et 5, il expose un système tout différent. Il est bien difficile de croire que Gaius, même dans les Instituts, nous eût parlé de *summa divisio*, s'il en avait déjà conçu une autre. N'aurait-il pas montré plus de réserve et aurait-il continué par une affirmation aussi générale que la suivante : *omnis enim obligatio vel ex contractu nascitur vel ex delicto*, déclaration qui complète et explique la *summa divisio* annoncée » (1) ?

Au livre II de son *Commentaire sur l'Edictum provinciale*, Gaius, à propos des actions noxales, reproduit encore la division bipartite :

> Noxales actiones appellantur quae non ex contractu sed ex noxa atque maleficio servorum adversus nos instituuntur (2).

On voit donc que rien dans l'œuvre de Gaius ne prépare la division des *Res cottidianae*, puisque toutes ses œuvres antérieures consacrent encore la classification bipartite. Et d'autre part, Gaius, comme les autres jurisconsultes classiques, s'il a pu chercher à analyser la notion de *negotium* et de *contractus*, paraît n'avoir porté qu'un intérêt médiocre à celle de *delictum*.

---

(1) Vizioz, *op. cit.*, p. 56-57.

(2) D., IX, 4, 1. *Noxa* ne paraît être ici qu'une redondance, synonyme de *maleficium;* l'expression a dû être employée dans cette phrase pour rappeler l'éthymologie de l'action noxale. — Cpr. la division donnée dans l'*Epitome de Gaius*, qui a été insérée dans la *loi romaine des Wisigoths : Obligatio in duas species dividitur : nam omnes obligationes aut ex contractu nascuntur aut culpa.* Édit. Backing dans le *Corpus juris Antejustiniani* de Böcking, Bethman-Holweg; également *Lex Romana Wisigothorum,* édit. Haenel, p. 334.

Remarquons d'ailleurs que nous ne possédons que de très rares fragments, tous insérés au Digeste, de ces *Res cottidianae* de Gaius qui ont fait surgir la discussion.

Or, pour saisir l'intelligence d'un passage, il y a toujours intérêt à pouvoir l'examiner à la lumière de son contexte, ce qui, en l'occurrence, nous est impossible.

Il paraît donc déjà difficile, pour ne pas dire singulièrement audacieux, de vouloir échafauder toute une théorie des sources des obligations chez Gaius, avec les quelques matériaux que nous fournissent les *Res cottidianae*.

Enfin, l'authenticité de ces textes est absolument douteuse, aussi bien pour ce qui est de l'obligation *quasi ex contractu*, comme l'a démontré M. Vizioz après Perozzi (1), qu'en ce qui concerne l'obligation *quasi ex delicto*, ainsi que nous allons le voir maintenant (2).

Nous ne nous attarderons pas à la critique du D., XLIV, 7, 1 pr. Toute la phrase, de tournure essentiellement byzantine, paraît bien être sortie de la plume des commissaires de Justinien. Les termes mêmes, dans leur généralité, n'ont rien de classique.

On sait, cependant, que M. Betti (3), après avoir fourni de sérieux arguments sur l'authenticité du § 91 du livre III des Institutes de Gaius, s'est prononcé en faveur de la classicité de la division énoncée au livre II des *Aurei*; il voit dans les *variae causarum figurae* une catégorie spéciale dans laquelle Gaius fait rentrer, en les opposant aux obligations nées d'un *contractus*, qui ne peuvent se produire sans une intention juridique destinée à créer le lien de droit, les autres *negotia* propres aussi à engendrer des obligations, mais n'ayant pas

(1) D., XLIV, 7, 5 pr., § 4; Vizioz, p. 72 à 79.
(2) D., XLIV, 7, 5, § 4.
(3) *Op. cit.,* p. 274 sq.

pour but de les créer, suivant-les principes qui se dégagent du § 91 du livre III des Institutes de Gaius.

En somme, pour Betti, les *variae causarum figurae* de Gaius comprendraient seulement ce que les compilateurs qualifieront d'obligation *quasi ex contractu*, tandis qu'il élimine de cette catégorie les obligations *quasi ex delicto*.

Nous sommes d'accord avec le savant jurisconsulte italien pour penser qu'il faut écarter résolument les obligations *quasi ex delicto* de la classe des *variae causarum figurae*; rien ne permet, en effet, de supposer que Gaius ait pu songer à les y faire entrer : ni la conception classique du délit, ni celle qui peut se dégager de ses propres travaux.

Mais nous allons même jusqu'à penser qu'il faut aussi en exclure les obligations *quasi ex contractu*, car nous inclinons à croire, avec M. Vizioz, que, même dans le D., XLIV, 7, 5 pr., Gaius est resté fidèle à la division bipartite traditionnelle, et que la fin de la phrase : *aut proprio quódam jure ex variis causarum figuris* n'est pas de lui (1).

Les §§ 4 et 5 du fragment V du même titre, avec lesquels nous entrons de plain-pied dans le domaine de l'obligation *quasi ex delicto*, révèlent à leur tour l'empreinte des compilateurs.

La critique de ces textes a été faite avec beaucoup d'autorité par M. Perozzi et c'est à lui que nous allons emprunter les développements qui vont suivre (2).

Perozzi croit, comme Mommsen (3), que ce fragment est complètement interpolé et qu'il faut renoncer à rétablir le texte original de Gaius, si jamais il y en a eu un.

---

(1) Vizioz, *op. cit.*, p. 65 à 72, 90, note 3.

(2) Perozzi, *Le Obligazioni Romane*, Bologne, 1903, p. 150 en note; également Vizioz, *op. cit.*, p. 96, note 2.

(3) Mommsen, *Strafrecht*, p. 125, n° 1.

A son avis, il n'existe dans tout le développement qui fait l'objet du D., XLIV, 7, 5, § 4 sq., qu'un seul passage authentique : celui qui constitue la seconde phrase du § 5.

Il est libellé en ces termes :

> Cui similis est is, qui ea parte, qua vulgo iter fieri solet, id positum aut suspensum habet, quod potest, si ceciderit alicui nocere. Ideo si filiusfamilias seorsum a patre habitaverit, et quid ex caenaculo ejus dejectum effusumve sit, sive quid positum suspensumve habuerit, cujus casus periculosus est, Juliano placuit in patrem, neque de peculio, neque noxalem dandam esse actionem, sed cum ipso filio agendum.

Dans le § 4 :

> Si judex litem suam fecerit facit, non proprie ex maleficio obligatus videtur; sed quia neque ex contractu obligatus est, et utique peccasse aliquid intelligitur, licet per imprudentiam, ideo videtur quasi ex maleficio teneri.

Perozzi nous dit qu'en mettant un *et* après *obligatus est*, on paraît avoir voulu faire dire au texte que l'obligation *quasi ex delicto* suppose une faute par imprudence, qui la distingue du contrat et du délit.

Or, remarque-t-il, dans le § 5, ce n'est plus de la faute par imprudence que naît le quasi-délit : on dit qu'il y a responsabilité *plerumque* de la faute d'autrui; tandis qu'au § 6, le critérium se modifie une fois encore : ce ne sera plus à l'imprudence personnelle du § 4, ou à la faute d'autrui du § 5, mais à la faute personnelle *et aliquatenus culpae reus est quod opera malorum hominum uteretur*, à laquelle on fera appel pour caractériser l'obligation *quasi ex delicto*.

Ce n'est pas tout, ajoute Perozzi : le rejet de l'obligation dans le § 4 semble fondé sur ce que le fait ne contient pas en soi un contrat, c'est-à-dire sur l'idée de contrat.

Dans le § 5, par contre, il n'est plus question de la non-existence du contrat ; on dit seulement qu'il n'y a pas *maleficium* pour admettre que l'on est tenu *quasi ex maleficio*. Dans le § 6 enfin, on recommence à nier qu'il y ait obligation, mais non plus cette fois en vertu de l'idée de contrat, mais en raison du fait positif que *neque ex contractu sit adversus eum constituta haec actio.*

Conceptions contradictoires qui font s'exclamer Perozzi : *Chi ci raccapezza in tutto questo discorso da cui esula il senso comune é bravo.*

Passant à la critique de forme du texte, Perozzi remarque que, tandis que Gaius, dans ses Institutes, parle toujours d'obligation *ex delicto* ou *ex maleficio*, ici apparaît tout au long du passage ce terme de *peccatum* cher aux compilateurs (1).

Il note aussi l'insistance de nature scolastique avec laquelle on répète, à propos de chaque cas que : *non proprie*, il n'y a pas contrat, ou que *non proprie*, il n'y a pas *maleficium*, mais que l'on est tenu *quasi ex contractu, quasi ex maleficio.*

Or, si Gaius avait eu réellement dans l'esprit cette catégorie de l'obligation *quasi ex delicto*, il en aurait fait un exposé général, de sorte qu'il aurait évité tant de répétitions d'idées et de mots (2).

------

(1) § 4 : *utique peccasse aliquid intellegitur.*

(2) Sur l'interpolation de ce texte, Lenel, *Palingénésie*, t. I, p. 259, liv. III, n° 506, n. 2 et 3. On sait, d'ailleurs, que l'on discute l'authenticité de nombreux autres passages de ce titre, notamment le fragment 4.

Nous nous rangeons volontiers à l'opinion de Perozzi et nous croyons qu'il est difficile de dégager de ce texte interpolé la signification qu'il avait en droit classique et spécialement chez Gaius.

Ajoutons que dans le fragment 6 du D., L, 13, qui reproduit le § 4 du texte dont nous venons de faire la critique, on trouve un membre de phrase supplémentaire qui trahit à lui seul la main des commissaires de Justinien.

Cet *in factum actione, et in quantum de ea re aequum religioni judicantis visum fuerit, poenam sustinebit* n'est pas classique. Un jurisconsulte de la bonne époque n'aurait évidemment pas employé l'expression *aequum* religioni *judicantis* (1).

Il paraît donc impossible de conclure de ces développements que Gaius ait eu réellement l'idée, comme on a voulu lui en attribuer la paternité, d'une notion d'obligation *quasi ex delicto*, considérée comme catégorie distincte d'obligation.

Ni les données du droit classique sur le délit et sur la faute en général, ni les autres travaux de l'auteur du *Res cottidianae* ne s'harmonisent avec cette conception dont on n'a affirmé l'existence à son époque que sur la foi de textes largement et indubitablement interpolés.

Mais si l'on ne peut raisonnablement admettre que Gaius ait été le créateur d'une nouvelle division des sources des obligations, qu'il ait été le premier à concevoir l'idée d'une obligation nouvelle *quasi ex delicto*, doit-on aller jusqu'à penser que l'expression *quasi ex delicto* n'est pas de lui? C'est

______

(1) Pernice, *Labeo,* 2, 2, p. 168-172; Girard croit ce texte pur, *op. cit.*, p. 671, n° 5. Signalons encore que Lenel, *Edit,* p. 196, n° 62, note 8, et *Palingénésie,* t. II, p. 551, n° 3, a montré que nombre de passages du D., IX, 2, sont douteux.

ce que nous aurons à rechercher, et dans la négative nous devons nous demander quel sens et quelle portée il a entendu donner à cette expression.

15. — *Cependant nous devons auparavant nous demander si les textes qui font allusion à cette obligation* quasi ex delicto *peuvent s'expliquer par le point de vue postclassique et de Justinien, en opposition avec celui du droit classique.*

Après Gaius, nous ne trouvons l'expression d'une division nouvelle des sources des obligations que chez Modestin, le dernier des jurisconsultes classiques.

Mais elle ne semble pas devoir apporter de sérieux éclaircissements sur la question de l'évolution des sources des obligations.

C'est un mélange assez confus, conçu en ces termes :

> Obligamur aut re, aut verbis, aut simul utroque, aut consensu, aut lege, aut jure honorario, aut neces · sitate, aut ex peccato (1).

Comme Perozzi, M. Vizioz a, ici encore, nettement démontré que ce texte et tout le fragment qui lui fait suite ne sont qu'un tissu d'interpolatious, et ne prouvent, par conséquent, rien pour l'époque classique; il a notamment fait observer (2) que le mot *peccatum* mis pour *delictum* n'est pas classique, mais byzantin (3).

D'autre part, ce texte ne prouve guère davantage pour l'époque de la compilation, car il est en contradiction avec la division des obligations donnée par Justinien dans ses Institutes.

Il semble donc dépourvu d'intérêt, et si nous l'éliminons,

---

(1) D., XLIV, 7, 52.
(2) *Supra,* p. 75.
(3) Vizioz, *op. cit.,* p. 63 et 64, note 1.

nous passons brusquement, sans qu'il soit question chez les auteurs intermédiaires d'obligation *quasi ex contractu* ou *quasi ex delicto*, en sautant de Gaius à Justinien, à la célèbre division rapportée aux Institutes, III, **13**, division qui n'est qu'un perfectionnement scientifique de celle que l'on a attribuée à Gaius au D., XLIV, **7**, 1 pr.

Nous avons déjà eu l'occasion de remarquer (1) que ce long silence de plusieurs siècles entre Gaius et Justinien ne peut que laisser perplexe sur l'origine classique de la division quadripartite. Ce saut *ex abrupto* ne correspond pas à la continuité, à la gradation de l'évolution qui caractérise en général l'histoire des idées et en particulier celle des concepts juridiques.

On acquiert donc la conviction que la division consignée aux Inst., III, **13**, est l'œuvre de Justinien seul et que si Gaius a usé du terme *quasi ex delicto* comme du terme *quasi ex contractu*, il n'y a pas vu l'expression de deux catégories distinctes d'obligation.

Au contraire, dans les Institutes de Justinien, il s'agit bien de sources distinctes. La preuve en est que les compilateurs consacrent un titre spécial à chacune d'elles : le titre XXVII du livre III *de obligationibus quasi ex contractu*, et le titre V du livre IV *de obligationibus quae quasi ex delicto nascuntur* (2), tandis qu'au Digeste aucun titre spécial ne leur est réservé et que si l'on dit *quasi ex contractu* ou *quasi ex*

---

(1) *Supra*, p. 9 et 10.

(2) On peut se demander si ces deux dénominations, entre lesquelles on observe une légère variante ne correspondent pas à des phases d'évolution différentes des deux notions d'obligation *quasi ex contractu* et *quasi ex delicto*, la première apparaissant comme véritablement constituée, tandis que la seconde n'aurait pas achevé sa formation. Arangio Ruiz, *op. cit.*, p. 174.

delicto teneri, il n'est jamais question d'*obligatio quasi ex contractu* ou de *obligationibus quae quasi ex delicto nascuntur.*

Remarquons d'ailleurs que, même dans les Instilutes de Justinien, tandis que leur auteur fait précéder chacun des développements, qu'il consacre aux différentes obligations qu'il énumère, d'une petite introduction : pour les obligations *ex contractu,* aux Inst., III, 13, § 2; pour les obligations *quasi ex contractu,* aux Inst., III, 27 pr., pour les obligations *ex delicto,* aux Inst., III, 1 pr. ; il fait exception pour les obligations *quasi ex delicto* et les introduit sans aucun préambule, en se contentant de reproduire presque sans modification, sauf quelques additions relatives à la nature des actions, le texte du Digeste, qu'il a, au contraire, sensiblement retouché en ce qui concerne les obligations *quasi ex contractu* (1).

L'apparition de la nouvelle classification chez Justinien et d'une véritable obligation *quasi ex delicto* semble bien mieux en harmonie avec les conceptions du droit postclassique et de Justinien, en opposition avec celles des jurisconsultes classiques.

Nous n'en voulons pour preuve que l'attirance des auteurs byzantins pour les concepts et les classifications et leur théorie nouvelle de la notion de faute en matière de délit.

On sait, en effet, combien les rédacteurs du Digeste sont attachés à l'idée de symétrie, d'harmonie des concepts (2),

---

(1) En dépit de cette nouvelle classification, Justinien ne peut s'empêcher dans les *Institutes* mêmes, et peu après l'avoir énoncée au IV, 6, § 1, de revenir à l'ancienne division bipartite, avec une légère addition cependant : *Namque agit unusquisque aut cum eo, qui ei obligatus est vel ex contractu vel ex maleficio... et aliis quibusdam modis.*

(2) Arangio Ruiz, *op. cit.,* p. 174.

combien ils aiment les notions systématisées, spiritualisées; il y a là une tendance d'autant plus remarquable à noter qu'elle est en opposition avec la tournure d'esprit essentiellement concrète des auteurs classiques.

Cela permet de comprendre quelle séduction devait avoir pour les compilateurs l'idée d'une obligation *quasi ex delicto* s'opposant à celle d'obligation *quasi ex contractu* qui a dû la devancer, et venant s'allier au délit comme la précédente complétait la notion de contrat.

Mais nous n'irons pas jusqu'à dire avec Perozzi (1) que Justinien n'a inventé la catégorie des obligations *quasi ex delicto* que par amour de la symétrie.

De l'avis de cet auteur, en effet, la notion de quasi-délit manque, pour exister, de cette ombre d'excuse dont peut bénéficier le quasi-contrat. Alors que ce dernier présente des analogies avec les obligations nées d'un contrat donné, le savant professeur nous dit que le quasi-délit ne se rattache pas à l'idée de délit et qu'aucune des hypothèses qui rentrent dans son orbite ne ressemble à un délit donné; ceci peut expliquer, selon lui, l'insuffisance des développements de Justinien et la pauvreté des cas rassemblés dans cette catégorie par l'empereur (2).

Cette opinion nous paraît manifestement excessive. Il est certain que la tournure d'esprit byzantine a dû puissamment contribuer à la formation de nos deux nouvelles catégories d'obligations, et surtout à celle de l'obligation *quasi ex delicto*.

Mais faut-il aller jusqu'à croire que cet amour des concepts ait poussé les compilateurs à créer de toutes pièces

---

(1) *Op. cit.*, p. 150, et surtout 152 en note.
(2) Également Vizioz, *op. cit.*, p. 96, n° 2.

une catégorie vide de sens ? Nous pensons que ce serait leur faire injure. Consciemment, ou inconsciemment peut-être, ils ont attaché un sens à l'expression d'obligation *quasi ex delicto*, ils ont donné un contenu, vague sans doute encore, mais certain, à la notion à laquelle elle répond.

Ce contenu, on le trouve, croyons-nous, dans la théorie byzantine de la faute, si différente de la théorie classique.

Ce sont, en effet, les commissaires de Justinien qui vont modifier le concept classique de la faute, et si leur œuvre, qui consistera à ramener d'une manière générale et organique l'institution du *damnum injuria datum* à la doctrine commune de la faute ne se présente pas comme une réforme radicale parce que la terminologie usitée par eux était déjà celle des jurisconsultes classiques, elle se manifeste nettement dans des textes déjà reconnus interpolés ou facilement reconnaissables comme tels. Dans ces textes, l'interpolation a eu précisément pour but de mettre en évidence l'idée de faute dans sa signification technique de manquement à la diligence requise et de l'élever, par conséquent, dans des cas particuliers, à la hauteur d'un critère décisif pour admettre ou nier la responsabilité ; on ne se contente plus de la démonstration pure et simple d'un lien causal entre l'action imputable et l'événement dommageable.

C'est ainsi que le rappel de la *culpa*, comme justification de l'action de la loi Aquilia par les compilateurs, se révèle par l'introduction d'une brève incidente dans le texte d'Ulpien, incidente mise dans la bouche de Paul, comme dans le cas de l'apprenti frappé par son patron (1) et du passant blessé en traversant le *campus jaculatorius* (2).

____

(1) D., IX, 2, 5, § 3, et 6.
(2) D., *eod. tit.*, 9, § 4, et 10.

Chastaignet

6

Le D., IX, 2, 11 pr., vise le cas du barbier qui, frappé par une balle, blesse par ricochet l'esclave qu'il est en train de raser.

Rotondi remarque dans ce cas que l'incidente attribuée à Mela : *in quocumque eorum culpa sit, eum lege Aquilia teneri*, n'est qu'un truisme par lequel on se dispense de donner la solution concrète.

Dans son état actuel, le texte vise la responsabilité du barbier, suivant Proculus, et celle de l'esclave de l'avis d'Ulpien, mais non point celle du joueur, qui cependant, en vertu de la loi Aquilia, devrait être le premier responsable, puisque c'était lui qui, par son acte même, avait été la cause initiale de l'accident.

Mela, le plus ancien des trois jurisconsultes qui interviennent dans la discussion, devait mettre la responsabilité de ce dernier en première ligne, tandis que les compilateurs se hâtent de relever que cette responsabilité peut peser sur l'une quelconque des personnes en jeu, à proportion de leur faute, et que la faute peut se rencontrer non seulement chez le joueur, mais aussi chez le barbier, et parfois même chez la victime du dommage (1).

Au D., IX, 2, 31, où il est question du cas notable du bûcheron qui laisse tomber des branches sur les passants, les flottements évidents de la structure du texte ne peuvent se référer à l'opinion de Sabinus adoptée par Paul, en opposition avec celle de Quintus Mucius, puisque toutes les solutions sont fondées sur ce que le fait a eu lieu *in publico* ou *in privato*, ou dans un lieu où personne ne passe.

Dans la troisième hypothèse (2), où la responsabilité se

---

(1) Rotondi, *op. cit.*, p. 487-488.
(2) Dernière phrase du D., IX, 2, 31.

limite au dol et qui, suivant Rotondi, peut bien être classique, les compilateurs ne perdent pas l'occasion d'ajouter le typique :

> *Nam culpa ab eo exigenda non est, cum divinare non potuerit* (1).

L'incidente *et culpa eorum factum sit*, qui exige comme élément positif la démonstration de la faute dans l'hypothèse d'abordage de navire, est douteuse (2).

Les fragments 52, § 1, du même livre et le texte du D., XLI, 1, 54, § 2, ne paraissent pas purs non plus à Rotondi (3). Il fait aussi observer que les expressions *culpae reus, culpa (non) carere*, que l'on retrouve souvent dans les textes (4), traduisent encore ce souci des compilateurs d'insister sur l'idée de faute et rendent ces textes suspects, comme il nous dit également que l'application faite par Justinien du critère de faute sous la forme de la *culpa in eligendo* marque une transformation de la responsabilité (5).

Ainsi donc, si les jurisconsultes classiques n'ont pas formulé une théorie de la faute, basée sur la notion d'imputabilité à laquelle ils ne paraissent pas s'être intéressés (6), chez les auteurs postclassiques et byzantins, au contraire, on trouve une tendance indéniable à fonder la responsabilité délictuelle sur la faute.

Les textes qui paraissent faire remonter cette conception aux auteurs classiques portent la trace de remaniements.

----

(1) Rotondi, *op. cit.*, p. 488 et notes 1 à 5.

(2) D., *eod. tit.*, 52, § 1.

(3) *Op. cit.*, p. 489.

(4) D., IX, 2, 8 pr. ; 30, § 3 ; Rotondi, *op. cit.*, p. 489-490.

(5) D., *eod. tit.*, 27, § 11 ; Rotondi, *op. cit.*, p. 490, notes 3 et 4.

(6) *Supra*, p. 66 à 68.

On comprend alors pourquoi, aidés par leur amour de systématisation, les compilateurs ont pu faire une classe à part, celle des obligations *quasi ex delicto*, des engagements nés eux aussi à l'occasion d'actes illicites, mais d'actes illicites exclusifs d'intention réellement fautive ou dans lesquels cette faute, support des obligations délictuelles, est sensiblement atténuée.

C'est ce qui permet d'expliquer que si aucun critérium décisif ne se dégage de l'examen des différents cas d'obligation, on en tire cependant l'impression qu'ils ont tous comme fondement une idée de responsabilité atténuée (1), d'absence d'intention dans la faute.

Ajoutons que cette idée de faute non intentionnelle exclusive de dol, dans les obligations illicites *quasi ex delicto*, correspond assez bien, comme nous l'avons déjà remarqué (2), à celle d'absence de consentement dans les obligations licites *quasi ex contractu*.

En somme, la notion d'obligation *quasi ex delicto* inconnue en droit classique nous paraît en pleine voie de formation à l'époque byzantine ; elle s'harmonise avec la tournure d'esprit et les conceptions de cette période, alors qu'elle ne pouvait cadrer avec celles du droit classique. Ce qui ne veut pas dire, au surplus, qu'elle ait trouvé sa vraie formule et que son évolution soit achevée (3).

---

(1) *Supra,* p. 53.

(2) *Supra,* p. 31.

(3) La notion de délit civil elle-même est loin d'être définitivement constituée. Le nombre de *delicta privata* proprement romain va s'épuisant peu à peu pour se limiter aux quatre infractions qui paraissent les plus typiquement délictueuses, parce que les plus graves, et qui, de ce fait, éveillent l'idée de peine avant de susciter celle de réparation, et c'est par un épuisement progressif de la nature pénale du délit civil et

L'obligation *quasi ex delicto* est encore, comme l'obligation *quasi ex contractu,* une notion plus négative que positive (1). Elle ne relève, ni de la catégorie des contrats à raison de son caractère illicite, ni de celle des délits parce qu'elle n'exige pas une intention fautive, ou qu'il suffit tout au moins à sa formation d'une faute très atténuée.

Mais ce n'est pas encore une notion large et synthétisée, un concept véritablement spiritualisé, et l'on est loin de pouvoir dire que tout acte délictueux non intentionnel est un quasi-délit, de même que l'on ne peut affirmer que tout acte dolosif est un délit.

Il s'agit là d'une tendance normale, non point d'une règle absolue, et la notion d'obligation *quasi ex delicto* reste encore vague chez les compilateurs. On se contente de faire entrer dans cette catégorie les quatre cas prévus au D., XLIV, 7, 5, § 4. Cette formation analytique et concrète d'une notion est, d'ailleurs, spécifiquement romaine.

16. — Une question reste à trancher ici, dont la solution servira de thème à notre conclusion sur la formation de la notion d'obligation *quasi ex delicto* en droit romain.

On vient de voir, en effet, que cette notion n'a véritablement pris naissance et vie qu'à l'époque de Justinien. Peut-on admettre qu'elle s'y soit formée spontanément, sans avoir plongé quelques racines dans le droit classique?

S'il n'y a pas eu pour les jurisconsultes de la belle époque une obligation *quasi ex delicto,* n'ont-ils pas connu cepen-

---

un élargissement de l'action de la loi Aquilia que l'on arrivera insensiblement, au cours des siècles, à la disposition générale inscrite dans l'article 1382 de notre Code civil. — Sur la matière, Rotondi, *Scritti giuridici,* p. 465 sq., *Dalla lex Aquilia all'art. 1151 Cod. civ. : ricerche storico-dogmatique.*

(1) Vizioz, *op. cit.,* p. 110.

dant le terme même *quasi ex-delicto,* et dans l'affirmative, quel sens lui ont-ils donné, comment s'est effectué le passage des conceptions classiques à celles des compilateurs (1)?

Pour répondre à semblable question, nous ne pouvons passer ici sous silence une théorie assez séduisante formulée sur la matière par Betti (2).

Pour cet auteur, la terminologie *quasi ex contractu obligatus tenetur, quasi ex maleficio tenetur* ou *teneri videtur,* au lieu d'être une création d'origine byzantine, comme l'a affirmé Perozzi (3), existait en droit classique.

Les expressions *quasi tenetur* avaient pour la plus grande partie des juristes classiques, dit-il, une valeur technico-constructive et leur servaient à comparer, au point de vue processuel de la responsabilité et des actions qui en découlaient, certains actes ou faits qui n'étaient pas des sources d'obligations à certains actes caractéristiques des parties qui étaient des sources d'obligation et se nommaient, suivant un terme technique, contrats ou délits.

C'est ce que dit d'ailleurs Kubler lui aussi (4) lorsque, essayant de lever l'antinomie entre les textes du D., XLIV, 7, 1 pr. et 5, il nous déclare que dans son troisième livre des *Aurei,* Gaius parle seulement de plusieurs rapports de droit et non de division des obligations, rapports qui ne font partie ni des contrats, ni des délits et qu'il nomme « obligations *quasi ex delicto* et *quasi ex contractu* ».

Cette double comparaison aux doubles sources traditionnelles des obligations auraient été convertie par les Byzantins

---

(1) *Supra,* p. 76 et 77.
(2) *Op. cit.,* p. 287, 291 sq.
(3) *Supra,* p. 80.
(4) *Op. cit.,* Z. S. St., 39, 172, p. 273 sq.

en une délimitation au point de vue de la nature même des cas envisagés.

Dans cette conversion, les expressions *quasi ex contractu, quasi ex delicto obligatus* furent conservées, mais on attribua au terme *quasi*, au lieu de la valeur comparative qu'il avait chez les classiques, synonyme de *perinde ac si*, une valeur distinctive et délimitative caractéristique, d'une impropriété de langage.

En d'autres termes, la formule *quasi ex delicto*, qui, chez les classiques, n'exprimait qu'un rapport de droit, aurait servi chez les auteurs byzantins à caractériser une catégorie d'obligations. Il y aurait eu une confusion entre les effets et les sources des obligations, et une notion véritable serait née à la faveur de cette confusion.

L'originalité des Byzantins aurait consisté, ajoute Betti, dans la conciliation éclectique de la tendance assimilatrice néo sabinienne avec la tendance délimitatrice proculienne; ils auraient adopté la terminologie de la première, qui avait en vue la configuration processuelle, pour exprimer la seconde, relative à la nature même des espèces objet de leur analyse.

Mais alors, se demande Betti, il s'agit de savoir comment s'est opéré le passage de la conception classique à la conception byzantine? A-t-il eu lieu brusquement et sans transition?

Il ne le croit pas. Suivant l'opinion du savant romaniste, l'effort constant des auteurs byzantins consista, au contraire, à attaquer le moins possible l'édifice classique, et à trouver en lui la pierre d'attente pour des innovations plus hardies.

Le mécanisme mis en œuvre par les compilateurs pour construire la catégorie des obligations *quasi ex delicto* se systématiserait ainsi.

Il y aurait eu trois opérations :

— La première aurait consisté à élever à la hauteur de

sources d'obligation les actes illicites du droit prétorien que les classiques comparaient du point de vue processuel aux obligations *ex delicto*, en raison de la responsabilité qui en découlait (1);

— On aurait ensuite converti la comparaison classique en

---

(1) Arangio Ruiz, *Le genti e la citta*, p. 42-58. Cet auteur a présenté récemment une théorie fort intéressante sur la classification des sources des obligations. Mélanges de droit romain dédiés à Georges Cornil, p. 83 à 95, D., XLIV, 7, 25, § 1 *e la classificazione Gaiana, delle fonti di obbligazione*, t. I (Sirey, Paris, 1926). L'auteur remarque tout d'abord que la division faite par le texte attribué à Ulpien en actions *ex contractu, ex facto* et *in factum* ne se rencontre nulle part ailleurs, et est tout à fait contraire à la pensée de Gaius comme à celle d'Ulpien; à son avis, il s'agit là d'un texte contaminé, qui, dans sa forme authentique, devait reproduire la classique division bipartite des actions en actions *ex contractu* et *ex delicto* ou *ex facto*. C'est par analogie de termes que les auteurs byzantins auraient rapproché des actions *ex facto* les actions *in factum*, consacrant ainsi l'antithèse qui leur était chère, du droit civil et du droit prétorien ou honoraire. Arangio Ruiz ajoute que ce texte est inspiré des *Institutes* de Gaius, IV, 45 et 46, où le jurisconsulte distingue et donne les formules des actions *in jus* et *in factum*, en mettant ensemble une *intentio* d'action *ex contractu* (*nobis dari oportere*) et une *intentio* d'action *ex delicto* (*pro fure damnum decidi oportere*). Il croit même que le rapprochement des rapports juridiques dérivant du délit et du contrat et des rapports analogues que le préteur protégeait au moyen d'une formule *in factum conceptae* était déjà présent à la pensée de Gaius à une période ultérieure de sa vie scientifique, et que c'est en tenant compte de ce rapprochement qu'il faut rechercher la substance originale du D., XLIV, 7, 1 pr. : Gaius aurait tenté là, en effet, une classification des actions *in personam* fondée en partie sur les rapports de droit matériel et en partie sur les sources, civiles ou prétoriennes, de l'obligation. Aussi, pour Arangio Ruiz, le texte devrait être reconstitué de la manière suivante : *Actiones in personam* (ou *actiones* simplement) *aut ex contractu nascuntur, aut ex maleficio, aut praetorio jure ex variis causarum figuris*, mais les *variae causarum figurae* ne comprendraient, d'après lui, que les délits du droit prétorien ou quasi-délits, à l'exclusion des quasi-contrats.

une assimilation fondée sur un rapprochement des divers cas prévus, du point de vue substantiel de leur nature, c'est-à-dire, d'un côté, sur leur affinité fondamentale réciproque avec les actes illicites, d'un autre côté, sur un caractère différentiel qui rend impropre pour les uns et propre pour les autres la qualification de *delictum*.

— Par une troisième opération, enfin, on aurait créé, d'une manière artificielle, ce caractère différentiel pour lequel on se serait rapporté au plus ou moins grand degré d'imputabilité qui aurait été, du moins normalement et tendanciellement, dit Betti, le dol pour les délits et la faute pour les quasi-délits.

De ces opérations, ajoute-t-il, la première n'est que la conséquence ordinaire et naturelle de l'unification du droit prétorien avec le droit civil survenue à l'époque classique.

La seconde manifeste éloquemment chez les auteurs byzantins l'effort fait pour rattacher et revêtir du même *paludamentum* classique leur pensée personnelle, et cela en employant la terminologie comparative pour exprimer une impropriété de qualification.

Le *quasi* qui équivalait avec les classiques à *perinde ac si* veut dire chez les Byzantins la même chose que *non proprie* et signifie que les quasi-délits sont des délits impropres ou moins propres.

La troisième innovation, enfin, serait plus grave d'après Betti, car elle aurait amené les auteurs byzantins à altérer les effets et la physionomie des actes illicites du droit prétorien compris dans la catégorie des quasi-délits, en créant une responsabilité basée sur la faute à la place de la classique responsabilité exclusive de faute.

Nous nous rallions volontiers à cette théorie de Betti, qui

nous apparaît comme extrêmement intéressante. Elle nous ouvre des horizons nouveaux sur la formation de la classification quadripartite des sources des obligations en droit romain et nous montre sous un jour très vraisemblable comment a pu se constituer insensiblement, en partant de l'idée d'action, cette nouvelle source d'obligation.

Elle s'harmonise parfaitement bien avec ce que nous avons dit de l'origine prétorienne des actions *quasi ex delicto* (1) et avec l'idée de responsabilité atténuée, exclusive de dol, que nous avons considérée comme servant de base à la notion chez les compilateurs.

Les Romains pouvaient-ils admettre, étant donnée la scission très nette qu'ils établissaient entre le droit civil et le droit prétorien, que l'on puisse être tenu *ex delicto* en vertu de nos actions *in factum?* Certainement non; c'est pourquoi ils ont eu recours à cette idée de rapport *quasi ex delicto*, invention de Gaius, qui marquait la ressemblance de nos actions et des actions délictuelles.

Mais ce terme une fois créé, n'était-il pas tentant, pour l'esprit de systématisation des compilateurs, auxquels le cadre des délits et des contrats paraissait insuffisant à contenir toutes les obligations, de passer de l'idée de rapport *quasi ex delicto* à celle d'obligation *quasi ex delicto* se séparant nettement des obligations délictuelles?

C'est ce qu'ils ont fait en mettant à l'origine de cette nouvelle obligation l'idée d'une faute atténuée, se séparant de la faute délictuelle par l'absence de dol, et sanctionnée peut-être en raison de ce caractère par une action qui, sans être réipersécutoire, n'était cependant pas pénale (2). De l'expres-

---

(1) *Supra*, p. 31, 53, 84.
(2) *Supra*, p. 32 et 33,

sion *teneri quasi ex delicto,* on passe à celle d'*obligari quasi ex delicto* (1).

Mais cette notion, comme Betti a encore eu le mérite de le mettre en valeur, demeure très artificielle chez les compilateurs. La formule *quasi ex delicto* est un cadre que l'on a forcé après coup pour y faire entrer une notion, notion essentiellement factice, qui a de la peine à vivre isolée du délit, et dans laquelle on pourrait faire rentrer des obligations que l'on en maintient séparées.

Cette notion va-t-elle s'affermir et prendre une individualité marquée dans le droit post-Justinien. Verra-t-on à cette époque dans toute faute non intentionnelle la source d'un quasi délit véritable ?

C'est à la solution de cette question que nous allons consacrer notre dernier chapitre sur l'étude de l'obligation *quasi ex delicto* chez les Romains.

______

(1) Cette théorie de Betti semble avoir été pressentie par Girard, *op. cit.,* p. 409, et par Cuq, *op. cit.,* p. 383.

CHAPITRE V

Destinée de la notion romaine du quasi-délit en Occident et en Orient principalement dans le droit post-Justinien.

———

17. — Il nous reste à nous demander ici ce qu'est devenue la notion d'obligation *quasi ex delicto* après Justinien.

A-t-on connu l'expression de : quasi-délit et, dans l'affirmative, quel sens lui a-t-on donné ?

On sait, depuis les études de M. Vizioz, que l'expression de quasi-contrat apparaît pour la première fois dans la paraphrase grecque des Instituts attribuée à Théophile, commentaire de l'œuvre de Justinien (1), notamment au lib. III, tit. 27, § 3, à propos de la *communio*, et dans le même titre, au § 5, en ce qui concerne l'obligation de l'héritier aux legs (2).

Y est-il fait mention également du quasi-délit ?

Le passage qui se rapporte aux Institutes, III, 13, § 2, reproduit la division quadripartite de son modèle dans des

———

(1) Paraphrase grecque des *Institutes* de Théophile. Édit. Viglius, 1534; édit. Fabrot, 1638; édit. Reizt, 1751; édit. Ferrini, 1884. Sur cette paraphrase, v. également indications bibliographiques données par M. Vizioz, *op. cit.*, p. 100 et les notes. Cet ouvrage serait à peu près contemporain de la compilation de Justinien. Nous en donnerons seulement la traduction latine.

(2) Vizioz, *op. cit.*, p. 102-103.

termes identiques; il ne nous apprend donc rien de nouveau (1).

Mais dans le commentaire du lib. IV, tit. 5, des Institutes, réservé aux *obligationibus quae quasi ex delicto nascuntur*, il est fait usage, à différentes reprises, de l'expression *quasi delicton*.

Un petit préambule est ici consacré à introduire les obligations *quasi ex delicto*, préambule qui, pour cette seule catégorie d'obligations d'ailleurs, faisait défaut dans les Institutes (2).

Dans la suite du texte, l'expression *quasi delicton* est employée plusieurs fois, notamment à propos du *judex qui litem suam fecit*, de l'action *de effusis et dejectis*, et de l'action contre les *nautae, caupones, stabularii* (3).

Il faut remarquer d'ailleurs que Ferrini ne se sert pas cependant dans sa traduction latine du texte grec de l'expression *quasi delictum*, mais elle n'en est pas moins usitée dans l'original (4).

Si nous nous occupons maintenant du contenu intrinsèque de la notion de *quasi delictum*, nous observons que les cas

------

(1) *Secunda vero divisio ea, quae in quattuor (species) diducitur, aut enim ex contractu sunt, aut quasi ex contractu, aut ex delicto, aut quasi ex delicto* (Ferrini, p. 318). Dans son lib. IV, tit. 6, la paraphrase, comme les *Institutes*, revient à la division bipartite.

(2) *Cum de actionibus locuti simus quae ex delicto nascuntur, videamus de iis, quae quasi ex delicto nascuntur, supra,* p. 79.

(3) Paraphrase, *Inst.,* IV, 5 pr., où elle est employée trois fois, §§ 1 et 3.

(4) Il parle, à propos de l'action *de effusis et dejectis,* du terme *quasi ad delictum* que l'on ne trouve pourtant nulle part ailleurs. Par contre, il se sert ici à trois reprises du terme *quasi contractus,* dont il ne fait pas mention à propos des textes plus spécialement consacrés à l'obligation *quasi ex contractu.* Vizioz, *op, cit.,* p. 103, n° 1.

cités dans la paraphrase sont les mêmes que ceux prévus aux Institutes.

Mais on insiste ici particulièrement, comme on ne le faisait pas dans les Institutes, sur le caractère non dolosif de l'acte du juge *qui litem suam facit*.

C'est ainsi que l'on nous dit :

> Set neque delictum est : nonnunquam enim forte per imprudentiam, non dolo malo id fecit, sed quoniam aliquid judex peccavit quasi delictu (1) tenebitur.

Il n'est pas sans intérêt de relever ici que ce texte dit formellement que le juge ne peut faire le procès sien qu'en cas d'imprudence et non par dol ; on trouve là la confirmation de ce que nous avons dit précédemment, à savoir qu'il n'y a pas d'obligation *quasi ex delicto* et de quasi-délit, lorsque le juge est coupable de dol (2).

Les autres développements relatifs aux trois dernières actions quasi délictuelles ne présentent guère de différence avec ceux des Institutes de Justinien, si ce n'est, comme il convient à une paraphrase, qu'ils sont plus abondants.

18. — La glose des Institutes de Turin (3) contient des dispositions relatives à l'obligation *quasi ex contractu*.

------

(1) Ferrini dit *quasi ex delicto*.

(2) Le texte de la paraphrase, Iust., IV, 5 pr., fait un emploi fréquent de l'expression *injuria.* C'est ainsi qu'il dit : *injuriam mihi fecit — judex mihi injuriam fecit — injuria adficiendi — injuriam passus est.* Dans sa dernière phrase du pr., il paraît avoir une contradiction entre les termes *dare oportere* et *in factum actio*.

(3) *Zeitschrift für Rechtgeschichte*, t. VII, p. 52 sq., et bibliographie dans Vizioz, *op. cit.*, p. 105, nº 2. Nous n'étudions ici que la partie ancienne de la glose qui date très probablement du milieu du vıᵉ siècle.

On trouve même l'expression *quasi contractus* employée dans les gloses 438 et 457, et la glose 488 la première nous donne une définition de cette source d'obligation (1).

Mais, par contre, il n'est nullement question, ni dans les commentaires du livre III, ni dans ceux du livre IV d'une obligation *quasi ex delicto* ou de *quasi delictum*.

Le livre IV qui aurait pu en parler ne traite que des obligations *ex delicto,* encore s'arrête-t-il à l'étude du *furtum* (2).

Ce silence de la glose sur notre source d'obligation confirme l'opinion que nous avons émise sur son origine tardive.

On sait, en effet, que l'auteur des scolies montre une plus grande connaissance du droit pré-Justinien que Justinien, ce qui s'explique par l'introduction récente des compilations en Italie, où a été probablement rédigé ce travail.

C'est ce qui permet de comprendre les inexactitudes et les erreurs des scolies, lorsqu'elles traitent de ces obligations *quasi ex contractu* mal connues du droit classique, droit qui a surtout dû inspirer leurs rédacteurs (3).

On n'a pas de peine à admettre, dans ces conditions, que l'obligation *quasi ex delicto*, ignorée en tant que catégorie spéciale d'obligation, chez les jurisconsultes classiques dont les ouvrages ont servi de modèle à l'auteur de la Paraphrase, ait été passée sous silence par celui-ci.

19. — Nous trouvons, enfin, dans les Basiliques (4) des renseignements plus intéressants sur la notion qui nous occupe.

La division tripartite des obligations, consignée dans le

---

(1) Vizioz, *op. cit.,* p. 105.
(2) IV, 1, § 16.
(3) Vizioz, *op. cit.,* p. 108, n° 1.
(4) Édit Heimbach. Ici encore, nous nous contenterons de les citer suivant la traduction latine de Heimbach.

D., XLIV, 7, 1 pr., est reprise presque textuellement par les Basiliques :

> Obligationes aut ex contractu, aut ex delicto oriuntur, aut proprio jure ex diversis casibus (1).

Il n'est fait allusion encore ni au quasi-contrat ni au quasi-délit.

Mais, par contre, le livre LX, titre 4, commentaire du D., IX, 3, contient en différents endroits la nouvelle expression. C'est ainsi que nous y lisons :

> § 1, 19° : Nec pater... sin minus verba « non praestat » sic accipe ut pater damnum plane non praestat : tunc enim pater judicati de peculio tenetur, cum filius delictum amiserit : ex quasi delictis autem filii patrem teneri non oportet; hoc loco autem quasi delictum et non proprie delictum.

> § 1, 20 : Si ex habitatione filiusfamilias dejectum sit aliquid, ipse convenitur, nec pater ex peculio filii damnum praestat; non enim ex contractu, sed quasi delictum.

> « Ex peculio filii ». Quidam libri habent « nec pater ex peculio filii damnum praestat » et recte : hoc enim erratum est proprie delictum non est, ut furtum, rapina et similia, in quibus post condamnationem ejus qui potestati subest, datur judicati de peculio adversus patrem vel dominum : sed est quasi delictum ut dicitur tit. V, lib. IV, Institutionum, et ob id favetur patri, neque ex culpa filii damnum pater sentit : multum enim interest inter culpam et turpe delictum et malum animi propositum et excogitatum dolum.

_____

(1) LII, 1, t. V, p. 103 sq.

§ 2, 1° : Nota in hac specie quae de quasi maleficio proponitur, uno solvente liberari ceteros, eundemque ab illis solutum prorata consequi.

L'emploi de cette expression de *quasi delictum* ou de *quasi maleficium* est d'autant plus surprenant dans ce commentaire du titre *de effusis et dejectis* que dans le texte du Digeste il n'est même pas fait allusion à une obligation *quasi ex delicto*.

Le § 1, 20, contient une disposition absolument remarquable et unique, dans laquelle se résume nettement la conception du quasi-délit.

C'est l'acte illicite non intentionnel, s'opposant au délit, qui se caractérise par l'existence d'une intention dolosive.

On trouve ici nettement constituée une théorie qui n'était encore qu'à l'état de tendance chez Justinien.

Le quasi-délit du juge est étudié dans deux textes différents.

Au livre VII, titre 5 (1), d'abord, où l'on trouve un commentaire du D., V, 1, 15 pr. et 1 et 16, sur le cas du juge qui a prononcé une mauvaise sentence par dol; mais ici, le texte se garde bien de nous dire qu'il est tenu *quasi ex delicto*, ou que l'infraction dont il s'est rendu coupable est un *quasi delictum*.

Au contraire, le livre LIV, titre 14, qui se rapporte au D., L, 13, 6, et le livre XXXII, titre 1, qui correspond au D., XLIV, 7, 5, § 4, qui envisagent tous deux la simple *impru-*

_____

(1) T. I, p. 277. Fr. 15 : *Filiusfamilias qui male judicat, in tantum tenetur quantum tunc, quum sententiam diceret, peculio continebatur. Male judicat, qui dolo malo in fraudem legis sententiam dicit, propter evidentem inimicitiam vel gratiam vel lucrum, et veram litis aestimationem praestat.* — Fr. 16 : *Heres autem non tenetur.*

Chastaignet

dentia du juge, déclarent qu'il est tenu *quasi ex delicto* (1).

N'y a-t-il pas encore là la confirmation de cette idée que le juge n'est tenu d'une obligation *quasi ex delicto* ou ne commet un quasi-délit qu'en cas d'*imprudentia* de sa part?

Il semble difficile de le nier.

Des autres obligations *quasi ex delicto*, les Basiliques ne nous apprennent rien qui mérite d'être retenu. Elles se contentent d'adopter les idées du Digeste (2).

Ainsi, nous pouvons conclure de l'analyse des travaux des auteurs que la période post-Justinienne semble marquer une phase intéressante dans la constitution et l'évolution de la notion de quasi-délit.

Pour la première fois, en effet, l'expression *quasi delictum*, *quasi maleficium* fait son apparition dans les textes.

En outre, on y voit s'affirmer, dans les termes les plus catégoriques, l'idée timidement avancée par Justinien que le quasi-délit s'oppose au délit, comme la faute non intentionnelle, exclusive de dol, s'impose à la faute intentionnelle, dolosive; la preuve en est que le juge n'est considéré comme coupable d'un quasi-délit qu'en cas de simple *imprudentia*, non point de dol.

______

(1) Lib. LIV, tit. 14 : *Judex etiam si per imprudentiam litem suam fecerit, quasi ex delicto in factum actione tenetur, et in quantum visum fuerit judicanti damnatur.* — Lib. LII, tit. 1 : *Judex quanquam per imperitiam litem suam faciens quasi ex delicto tenetur.*

(2) Loc. cit. *Et is, cujus ex aedibus aliquid ejectum vel effusum, alicui nocuit, sive propriae ipsius sint aedes, sive mercede aut gratis in his habitet. Ideo autem quasi ex delicto obligatur, quia ut plurimum ob aliorum negligentiam obligatur; servi puta aut filii. — Similiter et qui in publico transitu quid positum vel suspensum habet, quod cadens alicui laedere possit. Sed si filius separatim a patre habitans in aliquid horum inciderit, ipse convenitur non pater, nec de peculio, nec mandati actione. — Etiam qui aliquem novi aut tabernae, aut stabulo praeposuit, ex delictis ministrorum quasi ex maleficio tenebitur, quatenus ipse nihil peccavit.*

Il semble qu'il y ait là, véritablement formée, toute la conception moderne du quasi-délit.

Mais ce n'est pas encore une notion large, embrassant tous les cas de faute non intentionnelle.

Son contenu demeure limité aux quatre hypothèses rapportées dans la compilation; il nous faut voir maintenant comment, brisant ce cadre étroit, il va s'élargir au cours des siècles et quelle évolution va subir la notion elle-même pour aboutir à la formule que lui donne aujourd'hui notre Code civil.

DEUXIÈME PARTIE

LA NOTION DU QUASI-DÉLIT
DANS L'ANCIEN DROIT

———

La critique contemporaine, unanime à reconnaître aujourd'hui que le droit romain est resté en vigueur en Gaule après l'établissement des Barbares, s'agite autour d'une autre question vivement débattue entre les romanistes.

On se demande, comme l'a dit M. Esmein, « si l'enseignement du droit romain s'est perpétué sans interruption depuis la chute de l'Empire d'Occident, quoique bien amoindri au ix° et au x° siècles, ou si la renaissance qui se produisit au cours du xi° siècle fut vraiment la résurrection d'une science morte, qui avait totalement cessé d'être enseignée » (1).

Nous n'avons pas à examiner ici un tel problème qui dépasserait singulièrement les limites de notre sujet. Il nous suffit de savoir que l'on trouve de fort bonne heure des traces de droit romain dans les écrits des anciens auteurs entre le vi° et le x° siècles.

Le quasi-délit, construction romaine, doit donc, lui aussi, faire son apparition très tôt dans les textes.

———

(1) Esmein, *Cours élémentaire d'histoire du droit français*, 14° édit., Paris, 1921 ; Savigny, *Histoire du droit romain au moyen âge*, trad. Guénoux ; Brissaud, *Cours d'histoire générale du droit français*, t. I, p. 170 sq., et références citées par M. Vizioz, *op. cit.*, p. 114.

C'est pourquoi il y aura lieu de le rechercher dans les écrits des préglossateurs d'abord, puis, avec la première renaissance, chez les disciples d'Irnerius au xie et au xiie siècles, et de Bartole au xiiie et au xive siècles.

Une seconde renaissance se produisit au xvie siècle, c'est celle que provoqua l'École des Humanistes; elle entraîna une merveilleuse floraison de travaux de maîtres, aussi bien dans le domaine littéraire et artistique que dans le domaine scientifique; sa répercussion se fit sentir sur les études juridiques et leur donna un nouvel essor plus remarquable encore après la décadence de l'École des Bartolistes.

C'est la période durant laquelle les constructions, les concepts juridiques vont s'ériger sur des bases nouvelles à la faveur d'une étude plus attentive et plus scientifique des textes du droit romain.

La notion de quasi-délit va-t-elle bénéficier de la curiosité des Humanistes, de leur connaissance approfondie de l'histoire et de leur finesse d'analystes?

Après eux, que deviendra cette notion sous l'influence de l'École du droit naturel?

Autant de questions qu'il y aura lieu de tenter de résoudre.

Mais tout en essayant de déterminer quelle a été la pensée des théoriciens du droit romain, nous devrons aussi nous demander si les auteurs canonistes et coutumiers n'ont pas eu une notion de quasi-délit et quelle influence ils ont pu exercer sur la formation de cette source d'obligations.

Enfin, nous ne devrons pas oublier de rechercher quels fruits ont porté ces conceptions diverses chez Domat, chez Pothier et dans les Répertoires qui ont précédé la codification, avant de rappeler dans un tableau d'ensemble les grandes lignes de l'évolution de la notion de quasi-délit dans l'ancien droit.

CHAPITRE PREMIER

Apparition du quasi-délit dans l'ancien droit chez les préglossateurs.

—

20. — C'est avec la pénétration du *corpus juris civilis* en Italie et jusqu'en France que l'expression d'obligation *quasi ex delicto* et de quasi-délit fait son apparition, entre le vi^e et le xiie siècles, dans les documents qui nous sont parvenus de l'œuvre des préglossateurs.

Le quasi-délit suit d'ailleurs une évolution parallèle à celle du quasi-contrat (1); il n'est pas mentionné davantage que ce dernier dans les lois barbares ou dans celles rédigées au vi^e siècle, à l'usage des Gallo-Romains, et comme lui, on le retrouve aux mêmes périodes et dans les mêmes textes.

On peut classer en trois catégories les œuvres écrites que nous ont laissées les préglossateurs en ce qui concerne le quasi-délit.

L'une d'elles est muette sur l'expression même de quasi-délit ou d'obligation *quasi ex delicto ;* une autre fait mention de cette expression, mais sans chercher à l'approfondir, et c'est seulement dans la dernière catégorie de textes que se révèle un effort pour dégager et synthétiser l'idée de quasi-délit, pour faire saillir sous la « paille » du terme le grain même de la notion.

---

(1) Vizioz, *op. cit.*, p. 113 sq.

Parmi les textes qui se rattachent à la première catégorie et passent sous silence l'expression de quasi-délit, on peut signaler notamment : l'*Epitome* des Instituts (1), la *Somme de Pérouse* (2), les collections d'Yves de Chartres (3), l'*Expositio Terminorum Usitaciorum Utriusque juris* (4), le *Libellus de Verbis Legalibus* (5), le traité *de Actionibus* (6),

------

(1) Édit. Gaudenzi, *Una antica compilazione di diritto romano et visigotho,* p. 208 sq. Cet ouvrage daterait de la fin du ixᵉ siècle ; Conrat, *Geschichte der Quellen und der Litteratur des römischen Rechts in früheren Mittelalter,* t. I, p. 166 ; Brissaud, *Cours d'histoire générale du droit français,* t. I, p. 173 ; Vizioz, *op. cit.,* p. 114 et n. 2.

(2) Édit. Heimbach, *Anecdota,* t. II, p. 1 sq. ; édit. Patteta, *Bullettino,* t. XII, 1906. C'est un abrégé des huit premiers livres du Code, d'une valeur plus pratique que scientifique, composé par les auteurs du viiᵉ au ixᵉ siècle ; Heimbach, *op. cit.,* p. xx ; Flach, *Études critiques sur l'histoire du droit romain au moyen âge,* p. 72 ; Schupfer, *Manuale di Storia del diritto italiano,* Le Fonti, p. 165 sq. ; Brissaud, *op. cit.,* t. I, p. 173. Le livre VII, tit. 49, l. 1 et 2 : *De poena judicis qui male judicavit, vel ejus, qui judicem vel adversarium corrumpere curavit,* n'est qu'un abrégé des dispositions correspondantes du Code et ne parle pas davantage que ce dernier du quasi-délit du *judex qui litem suam facit.*

(3) Édit. Migne, *Patrologie latine,* t. CLXI ; Tardif, *Histoire des sources du droit français,* p. 246 sq. ; Flach, *op. cit.,* p. 91 ; Savigny, *Histoire du droit romain au moyen âge,* trad. Guénoux, t. II, p. 185 ; Brissaud, *op. cit.,* t. I, p. 138, 177 ; Tardif, *Sources du droit canon,* p. 170, 297. C'est un ouvrage qui a été composé aux xiᵉ et xiiᵉ siècles.

(4) Édit. Fitting, *Juristische Schriftungen,* p. 158-165 ; Tardif. *op. cit.,* p. 192 sq. ; Flach, *op. cit.,* p. 43. Elle forme les chapitres XIV à CII du premier appendice des *Petri Exceptiones* de Schott. On discute sur sa date : les auteurs la placent entre le viᵉ et le xiiᵉ siècle. Vizioz, *op. cit.,* p. 114, n. 5.

(5) Édit. Fitting, *Jur. Schrift.,* p. 188 sq. ; Tardif, *op. cit.,* p. 194 ; Flach, *op. cit.,* p. 43. C'est une sorte de vocabulaire juridique qui date, pense-t-on, du xiᵉ siècle. Il ressemble à l'*Expositio Terminorum Usitaciorum Utriusque juris,* mais serait plus récent et plus savant.

(6) Édit. Fitting, *Jur. Schrift.,* p. 151-157 ; Tardif, p. 205 sq. ; Flach, p. 32 sq. ; Brissaud, p. 187. Ce traité constituerait le début du premier

le fragment de Bamberg (1), le fragment de Prague (2), le fragment Haenel (3), le *Tractatus de Actionum varietate et Earum Longitudine* (4), le *Tractatus de justitia* (5), et en dernier lieu, le *Petrus* ou *Petri Exceptiones Legum Romanarum* (6).

Ce dernier traité, sans faire allusion à la matière qui nous occupe, comporte cependant quelques indications intéressantes à relever.

Il a été rédigé en quatre livres, qui tous se rapportent au droit romain : le premier a trait aux personnes, le second au contrat, le troisième est relatif au délit, et le quatrième à la procédure (7).

---

appendice du *Petrus* de l'édition Schott de 1500 dont l'*Expositio Terminorum* formerait la suite. — On admet, non sans discussion ici encore, qu'il a été rédigé entre le vi[e], le xie et le xiie siècles.

(1) Édit. Fitting, *Jur. Schrift.*, p. 172 à 180; Flach, p. 32. Un autre fragment de ce traité serait, suivant Fitting, inclus dans le traité *de Actionibus;* mais cette opinion est contestée par Vizioz, *op. cit.*, p. 115, n. 2; Flach, *loc. cit.*

(2) Édit. Fitting, *Jur. Schrift.*, p. 206 à 216; Flach, p. 38-39.

(3) Édit. Fitting, *Jur. Schrift.*, p. 145-150; Flach, p. 39-42, de date également controversée.

(4) *Tractatus de Actionum varietate et Vita seu Longitudine. Tractatus de Vita Actionum.* Édit. Fitting, *Jur. Schrift.*, p. 128-131, 165-174, 174-180; Flach, p. 27 sq. Ce traité se place entre le vi[e], le xie et le xiie siècles et constitue le deuxième appendice des *Petri Exceptiones* de Schott de 1500. — A ce groupe de textes relatif aux actions se rattache également le traité *de Natura Actionum* dont il sera parlé ultérieurement.

(5) Édit. Fitting, *Jur. Schrift.*, p. 131-133; Flach, p. 22, qui, suivant ce dernier auteur, ne doit pas être antérieur au xiie siècle.

(6) Édit. Savigny, *op. cit.*, t. IV, p. 297 à 367. C'est un recueil d'extraits des compilations datant du xie ou du xiie siècle et que l'on présume avoir été composé en Italie ou dans le sud de la France, dans la région du Dauphiné ou de Valence. Vizioz, p. 115, n. 3.

(7) Savigny, *op. cit.*, t. II, p. 91; Tardif, *op. cit.*, p. 216.

Or, dans le livre III, cap. III, *De cohortatione furti vel rapina, vel damni*, on nous dit :

> Si quis alium hortatus fuerit, ut alii furtum vel rapinam faciat, aut consilium dederit, neque furti, neque vi bonorum raptorum, neque damni injuriae actione tenetur, nisi dederit ei consilium qualiter furtum faceret, vel rapinam, vel damnum : tunc enim quasi opem dedisse videtur et ideo ipse *quasi malefactor* tenetur.

Mais l'expression *quasi malefactor* ne paraît présenter ici aucun rapport avec le *quasi maleficium* ou *quasi delictum*; le texte semble vouloir exprimer en effet que l'instigateur du délit doit être considéré comme l'ayant presque commis lui-même à raison de la part active qu'il a pris à le fomenter. C'est donc un sens exactement opposé à celui que l'on reconnaît normalement au quasi-délit, que l'on doit attribuer au terme *quasi malefactor*, puisque c'est justement parce qu'il y a faute intentionnelle et non pas matérielle que l'on parle de *quasi malefactor*, tandis qu'à l'ordinaire l'absence d'intention paraît caractériser le quasi-délit du droit romain.

Dans le même livre, mais un peu plus loin, il est question de la responsabilité du juge (1) qui rend une mauvaise sen-

---

(1) Lib. III, cap. 8 : *De judicis ignorantia. Judex si per imprudentiam aut per ignorantiam injuste judicat, damnum, quod laesae parti contingit per inscientiam suam, restauret. Si vero scienter injuste judicat, et damnum restauret, et perpetuo sit infamis, et deinceps ad testimonium non recipiatur nec officium judicandi teneat.* — Et au cap. 31, *eod. lib.,* on ajoute : *De his qui non debent recipi ad testimonium. Servus, mutus, surdus, furiosus, sive mente captus, minor annis quatuordecim, prodigus id est devastator bonorum suorum sciens et videns, perjuris, adulter traditor, patricida, fratricida, violator monetae, sacrilegus qui scienter falsum judi-*

tence par imprudence ou par ignorance et même *scienter*, c'est-à-dire en connaissance de cause, ce qui suppose un dol de sa part. Mais on ne nous dit pas que *litem suam facit*, mais seulement que *damnum restauret,* et l'acte répréhensible du juge n'est pas, d'autre part, qualifié de quasi-délit.

Au surplus, aucune mention n'est faite dans tout le cours du livre III des autres faits illicites que le droit romain range dans la catégorie des obligations *quasi ex delicto,* et nulle part le *Petrus* ne nous parle de quasi-délit, pas plus d'ailleurs que de quasi-contrat (1).

La *Lex Romana Canonice Compta* (2) fait allusion, elle, au contraire, à l'obligation *quasi ex contractu* qu'elle cite à côté de l'obligation *ex contractu* et *ex maleficio,* en renvoyant pour cette dernière aux Institutes de Justinien, IV, 1 pr. Mais elle passe sous silence l'obligation *quasi ex delicto* (3).

21. — Un second groupe de textes signale l'existence du quasi-délit comme source distincte d'obligation, mais il

---

cavit, qui masculum stuprutus est, vel in se violenter est passus, qui sapiens falsum fecit testimonium, hi omnes ad testimonium recipiendi non sunt.

(1) Vizioz, *op. cit.*, p. 115 et n° 2. Flach admet cependant que le livre III traite à la fois des crimes, délits et *quasi-délits, op. cit.*, p. 190.

(2) Édit. Maassen, *Geschichte der Quellen und der Litteratur des Kanonischen Rechts*, t, I, p. 888 sq.; Salvioli, *Manuale di storia del diritto italiano*, p. 87; Declareuil, *N. R. H.*, 1906, p. 215; Brissaud, *op. cit.*, p. 175; Vizioz, *op. cit.*, p. 117, n. 1 et 2. C'est une collection canonique du IXe siècle que Salvioli croit postérieure à 823 et qui est composée de textes romains empruntés aux œuvres de Justinien, notamment aux *Institutes* et au *Code*, ainsi qu'à l'*Epitoma* de Julien.

(3) Conrat, *Die Lex Romana Canonici Compta. Römisches Recht in frühmittelalterlichen Italien in systematischer Darstellung*, lib. II, chap. III : naissance de l'obligation, 1, divisions *a* et *b*, p. 71 et § 65; D : autres obligations.

n'étudie ni sa nature, ni son contenu. A ce groupe, il faut rattacher notamment la glose des Institutes de Turin et l'*Abbreviatio Institutionum*.

La glose des Institutes de Turin (1) se contente de nous donner, sous la forme d'un tableau schématique, la division quadripartite des obligations, telle qu'elle figure dans les Institutes de Justinien au livre III, titre 13, fr. 2.

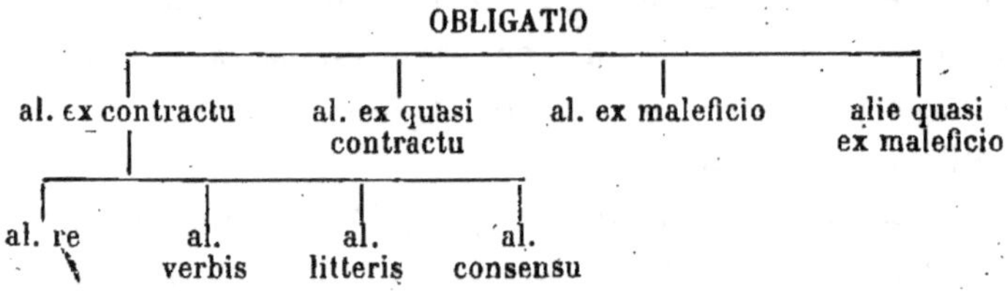

OBLIGATIO

al. ex contractu   al. ex quasi contractu   al. ex maleficio   alie quasi ex maleficio

al. re   al. verbis   al. litteris   al. consensu

Mais il faut remarquer cependant que si le tableau de la glose reproduit très exactement l'expression *quasi ex maleficio* qui se trouvait dans le texte de Justinien, il a substitué au terme *quasi ex contractu* celui de *ex quasi contractu*.

On s'est demandé s'il ne fallait pas voir dans cette différence terminologique la preuve d'un retard de l'évolution de la notion de quasi-délit par rapport à celle de quasi-contrat, cette dernière apparaissant comme définitivement constituée chez les préglossateurs, tandis que la première n'y aurait pas encore achevé son développement.

Tel n'est pas l'avis de M. Vizioz qui pense que la différence de termes employés pour les obligations quasi contrac-

____

(1) Ouvrage constitué par deux parties : une du vi^e siècle, sans doute écrite entre 543 et 553, l'autre postérieure et ne remontant peut-être qu'aux premiers glossateurs. Vizioz, *op. cit.*, p. 105, n° 2, et p. 116, n° 2 ; nous avons déjà parlé de la première partie de cette glose, *supra*, p. 94, n. 3 ; seule la seconde nous intéresse ici. Savigny l'a éditée en entier, *op. cit.*, t. IV, p. 368 à 395, tandis que Krueger n'a publié, lui, que sa partie ancienne dans *Zeitschrift für Rechtgeschichte*, t. VII, 1858, p. 58-78.

tuelles et quasi délictuelles ne résulte peut-être que d'une simple erreur de copiste (1).

Nous serions cependant tenté d'adopter l'opinion contraire; l'examen des textes du droit romain nous a amené à conclure que la notion d'obligation *quasi ex delicto* y était en retard sur celle d'obligation *quasi ex contractu*; elle nous y est apparue aussi comme plus artificielle, moins spiritualisée. Comment s'étonner, dans ces conditions, que ce retard dans l'évolution se manifeste chez nos très anciens auteurs par une différence dans les termes employés, sans aller cependant jusqu'à y voir la preuve que le glossateur, tout en reconnaissant le quasi-contrat, n'acceptait pas le quasi-délit (2).

Nous trouvons, d'ailleurs, une confirmation de notre thèse dans la glose elle-même; c'est ainsi qu'elle dispose au n° 448 :

> Tit. per quas pers. : Quaeritur quare non acquisitionem post omnia genera obligationum posuerit; sed dicimus quia acquisitio non proprie fit ex maleficio, vel *quasi ex maleficio,* magis vero ex contractu, vel ex *quasi contractu* : ex utilitate enim procedit, non ex dedecore sive damno aliquo (3).

La même divergence dans les termes se retrouve dans ce texte; peut-on encore l'attribuer à une erreur de copiste?

Et il faut encore remarquer à l'appui de notre opinion que, tandis que la glose, dans sa partie ancienne, a tenté de nous donner une définition du quasi-contrat, définition qui, pour aussi négative et incomplète qu'elle soit, n'en traduit pas

------

(1) Vizioz, *op. cit.,* p. 117.
(2) Vizioz, *loc. cit.*
(3) Cpr. Inst., III, 28.

moins un effort de systématisation, on ne trouve nulle part, ni dans sa partie ancienne, ni dans sa partie récente, de définition du quasi-délit, ou même simplement du délit, qui n'est d'ailleurs traité qu'en partie (1).

L'*Abbreviatio Institutionum* (2) ne se montre pas plus riche en développements sur le quasi-délit que la glose des Institutes de Turin.

Au titre XV, nous y trouvons à nouveau reproduite la division quadripartite des Institutes (3).

Puis, du titre XV au titre XXIV, il n'est question que des obligations contractuelles; au titre XXIV, on passe aux *obligationibus ex maleficio*, en gardant le silence sur les obligations *quasi ex contractu*.

Les textes relatifs au délit ne sont eux aussi qu'une étroite copie de certains passages empruntés aux Institutes, IV, 3 et 4; on n'y trouve pas de définition générale du délit et l'on y range parmi les cas d'*injuria*, comme dans les Institutes, IV, 4 pr., celui du *praetor* ou du *judex qui non jure contra quem pronunciat*.

Quant aux obligations *quasi ex delicto*, elles ne sont pas mieux traitées que les obligations *quasi ex contractu*; aucun développement ne leur est réservé. Cependant, le titre XXV, *De actionibus*, substitue à la division bipartite reprise par Justinien aux Institutes, IV, 6, 1, la division quadripartite (4).

---

(1) *Supra*, p. 94-95.

(2) Édit. Patetta, *Bibliotheca juridica medii aevi* de Gaudenzi, t. II, p. 117 sq.; Brissaud, p. 184.

(3) *Sequens divisio in IIII^or species dividitur. Aut enim ex contractu sunt, qui consensus duorum in idem per verba expressus dicitur, aut quasi ex contractu, aut ex maleficio, aut quasi ex maleficio.*

(4) *Nam unusquisque agit aut cum eo, qui obligatus est ex contractu, vel*

Enfin, à ce second groupe, on peut également rattacher le *Compendium juris* (1) qui contient une analyse de l'obligation *quasi ex contractu* et même du *quasi contractus* (2), mais se borne à indiquer l'existence d'une obligation *quasi ex maleficio*, sans employer l'expression de *quasi maleficium* (3).

22. — Avec le Brachylogus, l'Épitome *Exactibus Regibus*, le *Tractatus de Natura Actionum*, nous abordons une troisième série de textes dans lesquels se manifeste une tentative de systématisation de la notion de quasi-délit.

Après avoir énuméré les quatre sources d'obligation traditionnelles (4), le Brachylogus consacre quelques développements de son livre III, titre **24**, aux *obligationibus quae quasi ex maleficio nascuntur* (5).

Mais l'intérêt qu'ils présentent est assez minime, car on n'y trouve qu'un résumé fort succinct et presque totalement dénué d'originalité du texte des Institutes de Justinien, IV, 5.

Et tandis que les Institutes essaient de nous expliquer le

---

ex quasi, vel ex maleficio, vel ex quasi. Sur *vel ex quasi*, V. Patetta, *op. cit.*, p. 127, n° 52.

(1) Édit. Fitting, *Juristische Schriften*, p. 134 à 145; Tardif, p. 196 sq.; Flach, p. 20-21; Brissaud, p. 187.

(2) § 19, 1ʳᵉ partie, Vizioz, *op. cit.*, p. 119.

(3) 1ʳᵉ partie, § 17 : *Obligatio fit vel ex contractus, vel quasi, vel ex maleficio, vel quasi.* 2ᵉ partie, § 33, qui est une sorte de catéchisme juridique avec demandes et réponses : *Quot sunt causae ex quibus obligatio nascitur? IIII; nam vel ex contractu, vel quasi, vel ex maleficio, vel quasi proficiscuntur.*

(4) *Obligationum autem genera quattuor sunt : aut enim ex contractu nascuntur, aut quasi ex contractu, aut ex maleficio, aut quasi ex maleficio.*

(5) Sur le Brachylogus, édit. Böcking, Tardif, p. 204 sq.; Flach, p. 112 à 118; Salvioli, *op. cit.*, p. 88; Brissaud, p. 184 sq.

sens de l'expression *quasi ex maleficio*, le Brachylogus n'envisage pas la question et se contente presque uniquement de nous énumérer les divers cas d'obligations quasi délictuelles (1). On sait, au contraire, que le Brachylogus expose une conception assez nette et donne une définition du quasi-contrat (2).

En ce qui concerne le contenu du quasi-délit, le Brachylogus nous parle du *judex qui litem suam facit* et paraît envisager aussi bien le cas où il agit par *imprudentiam*, qu'*inique*, et ce second terme laisse peut-être percer une idée d'intention dolosive ou malicieuse.

D'autre part, le quatrième cas d'obligation *quasi ex delicto* cité par les Institutes, celui dont sont tenus les aubergistes, les patrons de navire et les maîtres d'écurie à raison des délits de *furtum* ou de *damnum injuria datum* commis par leurs préposés, n'est pas signalé.

Enfin, au point de vue terminologique, il n'est pas question de *quasi delictum* ou de *quasi maleficium*, tandis que le Brachylogus parle de *quasi contractus* (3).

-----

(1) Lib. III, tit. 24, § 1 : *Si judex litem suam fecerit propter imprudentiam, quasi ex maleficio obligatus videtur, tunc autem litem facere videtur, cum inique sententiam dicit;* § 2 : *Item is, ex cujus coenaculo, proprio sive conducto, aliquid dijectum effusumve est, quod alicui nociturum esse videtur, quasi ex maleficio obligatus videtur;* § 3 : *Item si quis eo, quo vulgo iter sit, positum suspensumve aliquid habuerit, quod, si cciderit, iter agentibus nocere possit, quasi ex maleficio tenebitur;* § 4 : *Cum autem judex per imperitiam litem suam fecerit, aestimatione competentis judicis poenam sustinere cogitur secundum quod ei bonum et aequum esse videbitur.*

(2) Vizioz, p. 118-119.

(3) Vizioz, p. 119. V. cependant n. h., p. 79, et a., p. 121, d'où il résulterait que le *Codex Regiomontanus* aurait employé l'expression *quasi maleficium.* Sur cette édition : Böcking, *Notitias Litteraria. Index codicum,* mss., édit. du Brachylogus, p. LXXXIX; Vizioz, p. 120 n. 2.

Ainsi, aucuue notion véritable de quasi-délit, pas plus que de délit d'ailleurs ne se dégage de ce traité.

Il faut arriver à l'*Epitome Exactibus regibus* (1) pour trouver une définition véritable du *quasi maleficium*.

> Lib. IX, § 18 : Hec de actionibus in rem dicta sunt. Ceterum actionum in personam quedam nascuntur ex contractu, quedam ex quasi contractu, quedam ex maleficio, quedam ex quasi maleficio. Nasci dicuntur... ex quasi maleficio que, cum neque ad pacta accedunt, neque proprie ad maleficia, tamen similiora sunt maleficiis quam pactis : que omnia ex infra positis manifesta sunt exemplis.

Le quasi-délit est donc, pour l'auteur de ce traité, une source d'obligation qui ne se rattache ni aux contrats, ni proprement au délit, mais qui ressemble cependant davantage aux délits qu'aux contrats ; il n'y a là sans doute qu'une définition purement négative du quasi-délit qui repose sur ses rapports avec le délit ; elle a le tort de ne pas nous montrer quel est le point par lequel il s'en sépare, mais elle marque cependant une tentative louable de systématisation de la notion (2).

En outre, et pour la première fois, nous voyons apparaître l'expression de *quasi maleficium* (3).

Là encore, on retrouve les quatre cas classiques d'obligation *quasi ex maleficio* (4), avec les quatre actions *in factum*

------

(1) Édit. Conrad ; Brissaud, p. 187, et n. 4.

(2) Cpr. la définition à peu près similaire donnée du quasi-contrat, lib. IX, § 18.

(3) Elle ne figure d'ailleurs qu'au lib. IX, §18 ; au § 20 du même livre, on reprend l'expression *quasi ex delicto,* tandis qu'il est question dans le même texte de *quasi contractus* ; aux §§ 89 sq., il est encore parlé d'obligation *quasi ex maleficio.*

(4) On n'emploie pas l'expression *litem suam facere,* sauf dans l'énu-

qui les sanctionnent (1); mais les commentaires qui leur sont consacrés manquent d'originalité.

Une seule remarque intéressante est à faire : c'est que tandis que la liste des obligations *quasi ex contractu* (2) et *ex maleficii* (3) se trouve ici et pour la première fois sensiblement allongée, celle des obligations *quasi ex maleficio* reste toujours enfermée entre nos quatre hypothèses (4).

Il n'en demeure cependant pas moins que l'*Epitome Exactibus regibus* semble bien marquer un pas en avant dans la voie de la formation de la notion de quasi-délit, bien qu'il ne nous fixe pas encore sur le caractère qui, tout en le rapprochant du délit, permet de le différencier.

Le premier appendice à ce Traité contient, par contre, un passage susceptible de nous éclairer sur ce caractère.

Il nous dit, en effet :

> **Furtum sine affectus furandi non committitur, quia voluntas et propositum distingunt maleficia (5).**

---

mération du lib. IX, § 89; au § 91 du même livre, le texte dit, en effet : *Actione in factum tenetur judex qui per ignorantiam male judicavit ad dampnum restituendum quod tibi per ejus sententiam est illatum*, mais il ne cherche pas à expliquer pourquoi il y a obligation *quasi ex delicto* et non pas délictuelle. L'action *de positis et suspensis* est dirigée contre celui-là même qui a posé ou suspendu l'objet périlleux, alors que le Digeste y voit une charge de la propriété ou de l'habitation, D., X, 3, 5, § 10. Enfin, l'action contre les aubergistes, les patrons de navire et les maîtres d'écurie, trouve son fondement, comme aux Institutes, IV, 5, 3, au D., IX, 2, et XLVII, 5, dans l'idée de responsabilité du fait d'autrui.

(1) Lib. IX, § 89 sq.

(2) Lib. IX, §§ 40 à 68.

(3) Lib. IX, §§ 68 à 89.

(4) La *condictio certi* peut cependant être quasi délictuelle, est-il dit au lib. IX, § 20. V. également Vizioz, p. 122, nᵒ 1.

(5) Appendice I. *Tituli qui in Epitomes editionibus, post VIII, § 25 inveniuntur*. Böcking, p. 158.

Or, si c'est le caractère intentionnel qui permet de reconnaître les délits, ne peut-on pas en déduire *a contrario* que le quasi-délit s'en sépare par l'absence de cet élément? Si oui, il y aurait déjà en germe dans cette simple phrase toute la conception moderne du quasi-délit.

Mais trouve-t-on dans le *Tractatus de Natura Actionum* une confirmation de cette idée (1) ?

Au § 4, il paraît faire allusion à une nouvelle source d'obligation, lorsqu'il s'exprime en ces termes :

> Accionum in personam alie oriuntur ex obligatione contractus, alie quasi contractus, alie ex obligatione maleficii, alie ex obligatione quasi ex maleficii, ALIE EX HIS QUATUOR.

Mais rien ne permet de se rendre compte à quel genre d'obligation se rapporte ce dernier membre de phrase.

Si l'expression *quasi ex maleficio* figure encore dans cette énumération, elle paraît cependant céder la place à celle de *quasi maleficium* employée à diverses reprises dans d'autres parties du texte (2).

Cependant, à la différence de ce que nous avons constaté dans l'*Epitome Exactibus Regibus*, on ne rencontre pas ici de définition du quasi-délit (3), mais une énumération toujours aussi limitée et sans grand intérêt des quatre hypothèses dans lesquelles il prend sa source (4); et rien ne permet de

---

(1) *Tractatus de Natura Actionum*. Édit. Fitting, *Jurist. Schrift.*, p. 56, p. 117 à 128; Tardif, p. 203; Flach, p. 23; Brissaud, p. 187.

(2) §§ 4, 57, 61.

(3) Pour le quasi-contrat, Vizioz, p. 118.

(4) On peut noter cependant que les §§ 58 et 59 contiennent des passages du D., IX, 3, 1 et 5, alors que ces derniers textes ne font jamais allusion à l'obligation quasi délictuelle. Le caractère *in factum* des actions est nettement dégagé par le rédacteur du Traité.

conclure de la lecture de ce Traité, que l'absence d'élément intentionnel ait été considérée par son auteur comme le caractère spécifique du quasi-délit.

23. — Ainsi donc, et si nous essayons de mettre en lumière et de résumer les idées qui se dégagent de l'examen de ces différents textes, au point de vue de la place occupée par le quasi-délit parmi les sources d'obligation et de l'évolution de cette notion dans l'œuvre des préglossateurs, on constate qu'à cette époque aucun travail original n'a été accompli sur ce sujet. Les auteurs, asservis par les textes du droit romain, se sont contentés de les reproduire sans chercher à les comprendre, sans tenter de les approfondir et d'en briser le cadre trop étroit.

Comme dans la dernière période de l'évolution du droit romain, les textes énoncent la division quadripartite des sources des obligations, parmi lesquelles le quasi-délit prend une place autonome.

L'expression *quasi maleficium* s'implante définitivement, mais assez tard, puisque son apparition n'a lieu que dans les textes du XIIe attribués à l'école prébolonaise et aucune définition scientifique n'est donnée du quasi-délit, qui demeure toujours une notion essentiellement négative (1).

On s'explique aisément que cet état de stagnation de la notion n'ait pas favorisé l'élargissement de son contenu demeuré tel que nous l'ont fait connaître les compilations de Justinien.

C'est qu'en effet, le contenu d'une notion dépend étroite-

---

(1) On ne trouve pas davantage de définition du délit, et à la différence de ce qui a eu lieu pour le contrat, cette notion est loin d'être spiritualisée ; à plus forte raison, l'effort de synthèse des anciens auteurs ne devait-il pas se porter sur le quasi-délit.

ment de la nature de celle-ci; or, la notion de quasi-délit étant demeurée aussi inerte qu'à la dernière période du droit romain, le nombre des quasi-délits reste fixé à quatre, tandis qu'au contraire la liste des quasi-contrats et des délits s'est allongée (1).

Signalons enfin, à cette période, la disparition dans les textes de l'expression romaine si caractéristique de *litem suam facere*, à propos du *judex*; elle est remplacée par des termes plus généraux, et par conséquent plus vagues, s'appliquant non plus à la peine, mais à l'acte répréhensible, comme *male judicare* notamment (2).

Que si maintenant nous essayons de comparer dans cette même période du droit la marche de l'évolution de l'obligation quasi délictuelle par rapport à celle de l'obligation quasi contractuelle, nous constatons ici encore, et comme nous en avons fait l'observation pour le droit romain, un sérieux retard de la première sur la seconde; le quasi-délit se ressent encore de son apparition plus tardive, il n'a pas rattrapé l'écart de temps qui le sépare du quasi-contrat, et il suit sa trace sans pouvoir marcher sur le même plan.

C'est ainsi, comme nous l'avons déjà montré, que l'expression *quasi ex delicto* subsiste sous la plume des auteurs, alors que celle de quasi-contrat est désormais seule employée; il faut arriver à l'*Epitome Exactibus Regibus* et au *Tractatus de Natura Actionum* pour voir consacrer le terme de quasi-délit.

Certains textes, comme la *Lex Romana Canonica Compta,*

---

(1) *Tractatus de Natura Actionum,* I, §§ 15 à 41 pour les quasi-contrats, et 41 à 45 pour les délits.

(2) *Epitome Exactibus Regibus,* lib. IX, § 89 ; *Tractatus de Natura Actionum,* § 57.

ne citent que le quasi-contrat et omettent le quasi-délit; d'autres, comme le *Compendium juris*, s'ils mentionnent l'existence du quasi-délit, n'en donnent aucune analyse, à la différence de ce qu'ils font pour le quasi-contrat.

Rares sont aussi les ouvrages qui nous apportent une définition de la notion de quasi-délit, et lorsqu'on en trouve une cependant, on est déçu par sa pauvreté; on ne peut guère citer, en effet, comme exemple de définition que celle contenue dans l'*Epitome Exactibus Regibus*, et l'on sait combien elle est vague et insuffisante, alors que le *Brachylogus*, le *Compendium juris*, l'*Epitome Exactibus Regibus*, contiennent déjà un essai de définition positive du quasi-contrat (1).

Enfin, nous avons vu que le contenu de l'obligation quasi contractuelle s'est très nettement élargi (2), tandis que celui de l'obligation quasi délictuelle demeure encore immobile.

Ainsi le quasi-délit, s'il a été élevé par les très anciens auteurs de notre droit à la hauteur de source distincte d'oblition, n'en reste pas moins, à leur époque, une notion mal comprise et peu étudiée, dont l'évolution apparaît comme sensiblement en arrière de celle du quasi-contrat.

------

(1) Vizioz, p. 118.
(2) Vizioz, p. 121 à 124.

CHAPITRE II

Les Glossateurs.

***

24. — Nous ne nous attarderons pas à la recherche des sources des obligations chez les Glossateurs, puisque ce travail a été déjà soigneusement fait par M. Vizioz dans son étude sur le quasi-contrat (1).

Il nous a montré ainsi que c'est surtout à propos des actions que les auteurs de cette période énumèrent les sources des obligations, parce que les premières sont issues des secondes et que, de ce fait, les sources des obligations sont indirectement celles des actions.

Comme le quasi-contrat, le quasi-délit est régulièrement classé parmi les sources d'obligation dans les Sommes des Glossateurs, à côté du contrat et du délit; la division quadripartite du droit romain est toujours en honneur, mais aux termes *quasi ex contractu, quasi ex delicto* caractérisant le rapport obligatoire, dont leurs devanciers ne se sont séparés qu'à regret et assez tardivement, les auteurs ont désormais substitué les mots de quasi-contrat et de quasi-délit qui évoquent la source même de ce rapport (2).

***

(1) *Op. cit.,* p. 125 à 130.

(2) *Epitome juris Florentina* (Conrat, *Das Florentinische Rechtsbuch;* Brissaud, p. 187, tit. 4, § 11, *De obligationibus*). *Item obligationum alia est ex contractu... alia ex quasi contractu ut negotium gestio tutela, alia ex maleficio ut furtum, alia ex quasi maleficio ut de effusis...* On retrouve la même division, *eod. tit.,* § 13. — *Summa codicis,* lib. IV, t. 10. *De Actio-*

Seule, comme l'a fait remarquer M. Vizioz au sujet du quasi-contrat, la Somme provençale : Lo Codi, demeure muette également sur le terme de quasi-délit (1). Elle ne fait allusion qu'à la division bipartite, en contrat et en délit.

Mais Lo Codi est, à cet égard, un texte tout à fait exceptionnel et nous verrons ultérieurement que, s'il ne les qualifie pas comme tels, il traite de certains faits ordinairement rangés dans la catégorie des quasi-délits par les Glossateurs (2).

D'autre part, ceux-ci n'arrêtent généralement pas aux sources que nous venons d'énumérer leur division des obligations ; ils font en effet intervenir une cinquième catégorie : celle des obligations qui naissent *proprio jure* ou *ex variis causarum figuris*, catégorie qui paraît bien être pour eux, en dépit de quelques flottements de la pensée ou de la langue, distincte des quasi-contrats et des quasi-délits (3).

---

nibus et obligationibus, § 1. *Obligatio quidem est vinculum non corporale set juris, quo obstricti sumus ad aliquid dandum seu faciendum, vel ex conventione propria seu quod pro eodem habetur. Vel etiam contra proprium voluntatem, ut cum delinquimus seu quod pro delicto habetur.* — Sous les méandres de la périphrase, et bien que les mots *quasi contractus, quasi delictum* ne soient pas employés, on retrouve ici encore la division quadripartite. Le § 55, *eod. tit.*, consacre également cette division. Glosse d'Irnerius : C. de Edendo. Loi Edita Actio [C., 2, 1, const. 3] ; glose sur speciem : *sive ex contractu, vel quasi ; vel ex maleficio, vel quasi* (édit. Pescatore : *die Glossen des Irnerius*, p. 101, et autres références citées par Vizioz, *op. cit.*, p. 126, n. 2). — Également Guillaume Durand, *Speculum judiciale*, liv. II, partic. I, *De actione seu Petitione*, § 4 (p. 370), qui exprime encore la division quadripartite.

(1) *Lo Codi*, édit. Fitting et Suchier, Halle, 1906, et références dans Vizioz, p. 127, n. 1. — V. notamment lib. IV, tit. 20.

(2) Semblable remarque a été faite par M. Vizioz au sujet des quasi-contrats, *op. cit.*, p. 128.

(3) *Epitome juris Florentina*, tit. 4, §§ 26 et 32 ; *Summa Codicis*, lib. IV, tit. 6 ; Rogerius, *Summa Codicis*, lib. IV, tit. 12, *De obligationibus*. Cette cinquième source est également citée par Placentin, *Summa, cum essem Mantuae (seu de Actionum varietatibus)* (édit. Pescatore), lib. I, tit. 2,

25. — Au sujet de ces derniers et de la notion qui s'en dégage, il résulte de l'examen des textes que les glossateurs ont apporté une contribution originale et intéressante. Avec eux, l'élaboration de l'idée de quasi-délit paraît avoir fait un très sérieux progrès.

Certes, la nature du quasi-délit est loin d'être définitivement fixée ; on n'en trouve pas encore de définition véritable, et c'est à l'occasion d'un fait quasi délictuel particulier que l'on nous en indique certains caractères intéressants.

Le quasi-délit, c'est toujours le fait qui, sans être proprement ni délictuel, ni contractuel, se rapproche cependant davantage du délit que du contrat et c'est de cette connexité qu'il tire son nom (1).

Les auteurs reconnaissent aussi le caractère non volontaire et même contraire à la volonté du quasi-délit (2).

---

§ 24. *Item alie descendunt ex contractibus, alie ex quasi, alie ex maleficio, alie ex quasi, alie ex variis figuris causarum ut D. de actionibus*, I, 1, et lib. II, tit. 1, § 117, *Personalium itaque accionum alie descendunt ex contractibus, alie ex maleficiis, alie ex variis causarum figuris, ut superius diximus.* Il semble que ce second paragraphe trahisse un revirement dans l'opinion de son auteur ; en effet, alors que dans le précédent les *variae causarum figurae* étaient pour lui distinctes des quasi-contrats et des quasi-délits, il paraît admettre ici qu'elles les englobent. Cette impression trouve d'ailleurs une confirmation dans la *Somme sur les Institutes*, postérieure à la *Summa, cum essem Mantuae*, lib. III, tit. 13 ; Guillaume Durand, *Speculum judiciale*, pars II, lib. II, part. I, t. II, p. 365 ; Accurse, *Corpus juris civilis glosé*, où l'auteur, commentant les Institutes, III, 13, après avoir énoncé la division quadripartite, ajoute en note : Glose sur *ex quasi maleficio* et *subaudi ex variis causarum figuris ut D. de act. et oblig., l. I in princip.* — V. également Vizioz, *op. cit.*, p. 128, n. 2 ; p. 129, n. 1, et sur le contenu des *variae causarum figurae*, p. 129, n. 2 ; p. 130, n. 1 et 2.

(1) Accurse, *Commentaires sur les Institutes*, édit. 1617, lib. IV, tit. 5, p. 591-592.

(2) *Summa Codicis*, lib. IV, tit. 10 ; Rogerius, *Summa Codicis*, lib. IV, tit. 12.

Mais ce caractère n'est pas spécial au quasi-délit et ne peut servir à l'individualiser, car on le retrouve en matière de délit.

Par contre, ce qui constitue l'originalité des glossateurs, c'est l'insistance avec laquelle ils ont mis en relief l'idée qu'à la base des divers quasi-délits qu'ils ont étudiés il y a une imprudence, un acte non intentionnel exclusif du dol.

C'est particulièrement à propos du cas du *judex qui litem suam facit* qu'ils nous font cette observation (1).

En effet, les glossateurs paraissent s'être inquiétés de la question de savoir si le juge « fait le procès sien » ou juge mal par dol ou par *imperitia* et si, dans les deux cas, il y a quasi-délit; leur attention a été attirée à cet égard par l'antinomie qui paraît exister entre les textes des Institutes, IV, 5 pr., et de Gaius au Digeste, XLIV, 7, 5, § 4, et L., 13, 6, où il n'est question que d'*imprudentia* et celui d'Ulpien au D., V, 1, 15, § 1, qui parle de dol.

Il est vrai de dire que certains traités, comme l'*Epitome Juris Florentina*, n'envisagent que le cas du juge qui s'est seulement rendu coupable d'erreur (2) et évitent ainsi d'avoir à solutionner la difficulté; que d'autres, comme la *Summa Codicis* (3), parlent du juge qui agit par *imperitia seu alio modo*, mais ne précisent pas ce que renferme cet *alio modo*,

---

(1) On retrouve chez les auteurs de cette période la formule *litem suam facere*, dont nous avions constaté la disparition chez les préglossateurs. Sur cette formule : *Summa Codicis*, lib. IV, tit. 10, n° 2 ; *Dissensiones Dominorum*, Haenel, 1834, *Codicis Chisiani Collectio*, § 140 ; *Summa de Ordine Judiciario* de Ricardus Anglicus (édit. Wahrmund), t. II, p. 76 ; Accurse, *Corpus Juris Civilis Glosé*, D., V, 1, 15, § 1, voit dans le *litem suam facere* l'origine de la prise à partie.

(2) *Epitome juris Florentina*, lib. IV, tit. 12 ; Placentin, *Summa, cum essem Mantuae*, lib. I, tit. 1, §§ 5 et 6.

(3) *Summa Codicis*, lib. IV, tit. 10, n° 2.

et que certains enfin, tout en constatant que le juge peut mal statuer soit par faute, soit par dol, ne se demandent pas si la nature de la peine et de l'acte varient dans chaque cas (1).

Mais plus nombreux sont les auteurs qui, après avoir distingué le cas où le juge a agi par dol et celui où il n'a commis qu'une imprudence, établissent, en fonction de cette distinction, une différence tant au point de vue de la nature de la peine que, souvent, au point de vue de la nature de l'acte.

C'est ainsi qu'en ce qui concerne la nature de la peine, ils décident que dans le cas d'*imprudentia,* le juge est tenu à *quantum de ea re aequum religioni alterius judicantis videbitur,* comme le disent les Instituts, IV, 5, et le D., L, 13, fr. 6, alors qu'on doit le condamner à la *vera litis aestimatio,* s'il a agi par dol, ainsi qu'il est écrit dans le texte d'Ulpien au D., V, 1, 15, § 1 (2). .

En outre, et surtout, les glossateurs ajoutent, ce que n'ont fait ni les rédacteurs du Digeste, ni leurs prédécesseurs

______

(1) G. Durand, *Speculum judiciale,* lib. II, part. II, *De requisitione consilii,* p. 765 sq.; Bernardus Dorna, *Summa Libellorum* (édit. Wahrmund), t. I, n° 140, *De actione in factum contra magistratum.* Il faut reconnaître d'ailleurs que la *Summa* de Bernardus Dorna est un recueil de formules qui se tient à l'écart des discussions doctrinales et ne consacre que les résultats pratiques.

(2) Anselme de Orto, *Juris Civilis Instrumentum,* n° 16; *Dissensiones Dominorum;* Haenel, *Codicis Chisiani Collectio,* § 140; Placentin, *Summa Institutionum,* lib. IV, tit. 5; *Summa Codicis,* lib. VII, tit. 3; *Summa de Ordine Judiciario* de Ricardus Anglicus (édit. Wahrmund), t. II, p. 76; Accurse, *Corpus Juris Civilis Glosé,* Inst., IV, 5, où l'auteur met en évidence la bonne intention du juge qui pèche par imprudence. D., XLIV, 7, 5, § 4. *Index,* v° *Judex,* n°ˢ 11 et 28; également Accurse, *Commentaires sur les Institutes,* Lyon, 1617, lib. IV, tit. 5. Glose sur *litem suam.*

immédiats, qu'il n'y a pas dans les deux cas des hypothèses de quasi-délit et ils en arrivent très généralement à conclure que c'est seulement l'*imprudentia* qui rentre dans cette catégorie; si le juge a fait le procès sièn *dolo*, il y a délit.

Telle est la solution qui se dégage notamment du Commentaire sur les Institutes d'Azon, qui nous dit d'une manière très affirmative :

> Judex igitur si male judicat si quidem dolo tenetur ex maleficio. Si vero per imperitiam tenetur ex quasi maleficio (1), ainsi que celui d'Accurse qui déclare d'une manière très générale :

> Obligatio ex quasi delicto oriri dicitur, quando non ex dolo malo, sed magis imperitia quodam et minus provide delinquitur : quo pacto et judex si per imprudentiam perperam pronüntiavit, facit litem suam : id est damnum ejus litis, ut aequitati judicantis videtur, laeso restaurare compellitur (2).

Ainsi les Glossateurs éliminent complètement l'idée du dol du quasi-délit, et notamment de celui du *judex qui litem suam facit*.

-----

(1) Azon, *Commentaire sur les Institutes*, lib. IV, n° 5, p. 257. — Également : *Dissensiones Dominorum. Codicis Chisiani Collectio, op. cit.; Lo Codi*, lib. IV, tit. 18, qui, sans parler de quasi-délit, dit cependant : *Si aliquis est judex et dedit falsum judicium propter nescietatem, ipse tenetur quantum videbitur majori judici quod sit drictura et racio. Set si hoc fecit malo ingenio, hoc est se sciente, tenetur ista racione per quam tenentur illi qui faciunt injuriam alii, hoc est vituperium, hoc verum est, si habuit voluntatem faciendi injuriam. Set si ipse non habuit voluntatem faciendi vituperium et male dedit judicium et hoc fecit se sciente, ipse tenetur solummodo vel damno quod recepit ille contra quem dedit judicium.* Ce texte est particulièrement intéressant parce qu'il distingue nettement suivant que le juge a agi avec ou sans intention. Placentin, *Summa Institutionum*, lib. IV, tit. 5.

(2) Accurse, *Corpus Juris Civilis Glosé*, Inst., IV, 5.

C'est là une idée extrêmement intéressante et qui va nous permettre d'apercevoir le point commun qui explique que l'on ait pu réunir dans une même catégorie le cas du *judex qui litem suam facit per imprudentiam* avec les autres hypothèses qui donnent naissance à une action quasi délictuelle : ce point commun, c'est l'absence d'intention dolosiv e.

Est-ce à dire que les glossateurs aient nettement affirmé que dans les trois dernières hypothèses de quasi-délit citées par les textes du droit romain, l'action donnée a pour but de sanctionner avant tout une *imprudentia,* comme dans le cas du *judex qui litem suam facit?* La lecture du texte d'Accurse que nous venons d'indiquer permet de le supposer ; les autres auteurs, par contre, se montrent moins catégoriques.

Les textes qui se rapportent aux anciennes actions *de effusis et dejectis, de positis et suspensis,* et à l'action donnée contre les aubergistes, les patrons de navire et les maîtres d'écurie ne contiennent aucun développement intéressant et original ; l'effort des docteurs paraît s'être épuisé avec l'analyse du cas du juge coupable (1).

____

(1) Au sujet du second quasi-délit, sanctionné en droit romain par l'action *de effusis et dejectis,* les auteurs se contentent presque uniquement de nous donner un simple commentaire du D., IX, 3, comme le font : Anselme de Orto, *op. cit.,* XXVI, *De his qui dejicerint vel effuderint accio in factum pretoria;* Azon, *Summa Perutilis. Commentaire sur les Institutes,* lib. IV, n° 5, p. 257. — La personne qui est poursuivie au sujet d'une chose répandue ou jetée l'est toujours en vertu de l'idée de responsabilité du fait d'autrui, ainsi que le décide Accurse, *Corpus Juris Civilis Glosé. Commentaire sur le Digestum Vetus,* lib. IX, tit. 3, *De his qui dejicerunt vel effuderunt; Lo Codi,* tit. 4, xix. — Guillaume Durand cependant paraît plutôt trouver le fondement de cette action dans l'idée de risque. A son avis, la personne poursuivie l'est parce qu'elle

C'est toujours l'idée de responsabilité du fait d'autrui ou du risque que l'on a créé qui est admise comme fondement de ces actions.

Mais que le maître soit tenu sur la base de l'une ou de l'autre de ces conceptions, n'est ce pas, au fond, parce qu'il a commis une faute, fût-elle même légère, une simple *imprudentia* dans le choix de ses préposés et la surveillance qu'il doit exercer sur eux ou sur les choses dont il doit répondre ?

Il semble que ce soit la conception qui se dégage de la *Summa Institutionum de Placentin* au lib. IV, tit. 6, *De Actionibus* :

> Ex quasi delicto sunt hae, ecce in *perperam* et per errorem judicatis, in *perperam* positis, in dejectis et effusis... (1).

---

fut l'*occasio damni. Speculum judiciale,* lib. IV, part. IV, *De injuriis et damno dato,* p. 514. — En ce qui concerne la responsabilité des aubergistes, patrons de navire et maîtres d'écurie, Azon paraît l'étendre au delà du délit de *furtum* ou de *damnum injuria datum* commis par leurs préposés lorsqu'il nous dit : *Cum de dolo aut culpa eorum quorum opera navem aut cauponam aut stabulum exercet factum fuerit furtum aut damnum datum vel simile delictum. Commentaires sur les Inst.,* lib. IV, nº 5, p. 257.

(1) *Lo Codi,* tit. IV, 19. Ce texte est très intéressant parce qu'il paraît bien établir un rapport étroit entre la responsabilité de celui qui est tenu du dommage causé par la chute d'un objet que son préposé a fait tomber sans qu'il l'ait voulu et celle du juge qui a agi sans intention dolosive. Accurse, *Commentaires sur les Instituies,* édit. de 1617, lib. IV, tit. 5, p. 592, nous dit, à propos du *casus* de l'action *de effusis : Jus civile mihi vinculum injicit obligationis, non tamen ex contractu : quid enim cum vicino negotii gessi ? non ex delicto, quid enim deliqui, cum id me imprudente factum sit ?* Et il fait encore appel au critérium d'*imprudentia,* p. 593, à propos de l'action *de positis ;* Placentin, *Summa Institutionum,* lib. IV, tit. 5, *De obligationibus quae quasi ex delicto nascuntur,* paraît tenter un effort de systématisation des quasi-délits autour d'un double critérium : celui d'imprudence et celui de responsabilité du fait

Et en tout cas, s'il n'est pas permis d'affirmer d'une manière très catégorique que les Glossateurs ont vu dans l'*imprudentia* la caractéristique des différents quasi-délits qu'ils ont étudiés, on peut certainement dire qu'ils ont préparé la voie à cette conception.

Ainsi, par l'exclusion de l'idée de dol, dans l'hypothèse du quasi-délit du *judex qui litem suam facit*, par l'élargissement et la généralisation de celle *imprudentia* en ce qui concerne les autres sources de quasi-délit, on voit se dégager insensiblement chez les Glossateurs une notion de quasi-délit reposant sur l'idée d'*imprudentia* au sens large, autrement dit de faute non dolosive ou non intentionnelle.

26. — Mais alors une objection se présente à la raison de certains auteurs : pourquoi établir une distinction entre les actes illicites étudiés aux Institutes, IV, 5, et les classer dans une catégorie à part, celle des quasi-délits, alors qu'il serait beaucoup plus simple de les faire rentrer dans le cadre délictuel de la loi Aquilia qui sanctionne aussi bien le dommage causé par *imprudentia* que par dol.

C'est ainsi qu'Azon et Accurse, examinant la question sous une forme concrète, ont été particulièrement frappés par les rapports étroits de ressemblance qui existent entre le délit Aquilien du médecin coupable d'avoir mal opéré un malade, ou du muletier qui conduit imprudemment ses mules, et le quasi-délit du juge qui, par impéritie également, rend une mauvaise sentence.

Pourquoi, le fondement de la responsabilité résidant dans

---

d'autrui : *Quasi delinquere quis dicitur duobus modis, ecce enim is qui perperam judicat per imprudentiam, quasi delinquit, item is quasi delinquit, qui aliquatenus culpae reus est, ex eo quod alius vere delinquit, puta : dejiciendo, effundendo, sicut ex sequentibus patebit.*

tous ces cas dans une *imprudentia* ou *imperitia*, range t-on nos deux premiers actes illicites dans la catégorie des délits et le troisième dans celle des quasi-délits ?

Les raisons qu'ils nous donnent paraissent assez peu convaincantes.

Azon se montre d'ailleurs difficilement compréhensible dans ses explications :

> Item queri potest, nous dit-il, cur non teneatur judex ex maleficio vere si imperite judicat sicut medicus quod imperite secat vel saltem ut mulio qui imperite regit mulas ut D. ad. l. Aquiliam l. qua actione c viti et l. idem e mulionem. Sed certe judicare non assignatur inter generalia maleficiorum nisi fiat dolo ; imo potius deberet assignari inter generalia beneficiorum secare autem vel scindere vel rem deteriorem constituere vel dare actionem his faciendis per culpam vel imperitiam inter maleficia sine dubio reputatur unde aliud est in illis quod in judice (1).

La phrase *judicare non assignatur inter generalia maleficiorum*, qui voudrait nous donner la clef de l'explication de la différence de nature qui existe entre l'acte du juge et celui du médecin, est assez énigmatique ; *judicare*, en effet, n'est pas en lui-même un acte illicite ; il faudrait lire, pour donner un sens au texte, *male judicare*. Et encore cette interprétation apparaît-elle comme insuffisante à éclairer la difficulté dont nous recherchons la solution, car elle ne fait que reculer la question en nous la présentant sous une forme différente : n'est-ce pas, en effet, une pure tautologie que de dire que le *male judicare* du juge est un quasi-délit parce que cet acte

____

(1) Azon, *Commentaires sur les Institutes,* lib. IV, n° 5.

n'est pas classé parmi les délits; la question demeure entière puisqu'il s'agit alors de savoir pourquoi on ne l'a pas classé dans cette catégorie.

Accurse ne peut nous apporter d'éclaircissements, car il se contente, lui, de se demander *quare ergo non ex maleficio tenetur ut in Aquilia* le juge qui agit mal par *imperitia*, sans chercher à répondre à cette interrogation (1).

Il est vrai qu'il prétend en donner la solution un peu plus haut (2), mais il se borne, en réalité, à nous dire dans le passage auquel il renvoie qu'il y a une différence entre *medicis per imperitiam secantis et judicis imperitia judicantis*, sans préciser la nature de cette différence.

En tout cas, et bien que les glossateurs ne soient pas parvenus à déterminer d'une manière précise les rapports existants entre le délit de la loi Aquilia et le quasi-délit, il est toujours intéressant de noter qu'ils se sont posés la question de ces rapports, chose que, à notre connaissance, personne n'avait fait avant eux (3) et qui s'explique aisément puisqu'ils ont été les premiers auteurs de l'ancien droit à voir dans l'*imprudentia* le critère vers lequel va s'orienter la notion de quasi-délit.

---

(1) Accurse, *Corpus Juris Civilis Glosé*, D., LXIV, 7, 5, § 4, glose sur *peccasse*.

(2) *Eod. tit.*, fr. 4 pr., glose sur *ex damno*.

(3) Azon s'est aussi demandé, dans une phrase qui précède immédiatement les développements qu'il a consacrés au juge et au médecin, pourquoi on ne fait pas rentrer dans la catégorie des actions quasi délictuelles celles qui sont données contre le maître pour le dommage causé par le délit de son esclave, alors qu'il est tenu quasi délictuellement du *damnum* et du *furtum* de son préposé : *Commentaire des Institutes*, lib. IV, n° 5 : *Illud mirandum videtur quare actiones que dantur contra damnum ex maleficio servi non dicuntur esse quasi maleficio sicut et ea quae datur contra exercitores cum utroque ex alterius facto quis conveniatur :*

27. — Si nous considérons maintenant le contenu de cette notion, nous constatons que l'apparition du critérium d'*imprudentia*, de faute non dolosive, n'a pas influé sur le nombre des quasi-délits.

Tandis qu'en dépit des hésitations de la doctrine, on remarque l'apparition de nouvelles obligations quasi contractuelles (1), les obligations quasi-délictuelles restent chez presque tous les auteurs fixées à quatre, lorsqu'ils n'en oublient pas quelqu'une (2).

---

puto hanc esse ratione quod quando convenio exercitorem non teneor certi hominis factum arguere licet possem si vellem ut D. nau. cau. sta. l. licet § possumus. Sufficit eum probare quod illorum facto quorum opera utebatur furtum est factum aut damnum datum. Ideoque in actione in factum quae datur pro dejectis et effusis si probetur ejectum esse ex eo cenaculo quod inhabitabas. At in noxali actione certi servi arguitur factum unumvere est ex maleficio. Il l'explique en disant que celui qui agit contre le maître n'a pas à prouver un fait déterminé à la charge de son préposé, preuve qu'il doit faire lorsque c'est un esclave qui est coupable. Mais là encore cette différence dans l'administration de la preuve tient à une différence dans la nature de l'acte, différence que l'auteur oublie de nous expliquer.

(1) Vizioz, *op. cit.*, p. 132 sq.

(2) Anselme de Orto, *Juris Civilis Instrumentum*, tit. 15, 16, 26; Azon, *Somme sur les Institutes*, lib. IV, n° 5, p. 257; Accurse, *Corpus Juris Civilis Glosé*, D., XLIV, 7, 5, § 4, citent nos quatre actions *in factum* quasi délictuelles; Bernardus Dorna, *Summa Libellorum* (édit. Wahrmund), donne également la formule de ces quatre actions en y ajoutant celle de l'*actio pro socio* donnée au maître poursuivi lui-même par l'action *de dejectis et effusis* contre l'auteur même de l'acte (t. I, p. 64, n°ˢ 117 à 120; p. 93, n° 140), comme le fait aussi Rainerius Perusinius, auteur de l'*Ars Notariae* (Wahrmund, t. III, p. 108-109, n°ˢ 178 à 182), mais ce dernier ne donne pas la formule de l'action contre le juge qui fait le procès sien. L'*Epitome juris Florentina* (tit. 3, §§ 11 et 12), la *Summa Codicis* (lib. IV, tit. 10), *lo Codi* (lib. IV, tit. 19) ne parlent que de l'action *de effusis et dejectis* et du juge qui fait le procès sien, et *lo Codi* ne dit pas qu'il y ait là des hypothèses de quasi-délit; pas plus, d'ail-

Placentin, cependant, dans sa *Summa cum esse Mantuae*, déclare, à propos de la *condictio certi generalis,* au lib. II, tit. II, § 119 :

> Condictio autem certi generalis est ex omni causa competens ex qua certum debetur, sive ex causa contractus, vel quasi, sive ex causa maleficii vel quasi.

Et dans sa *Somme sur les Institutes,* il nous signale l'existence d'une action qu'il qualifie de quasi délictuelle et qui semble bien être l'action *de feris* du droit romain dont nous avons indiqué précédemment les rapports étroits de parenté avec l'action *de effusis et dejectis.*

Placentin dit, en effet, au lib. IV, tit. 6, p. 69 :

> Ex quasi delicto sunt hae, ecce in perperam et per errorem judicatis, in perperam positis, in dejectis et effusis, vere et interpretatione damno subsecuto vel homine libero mortuo, item sicut dictum est, contra nautam, cauponem, stabularium, ex quasi delicto agitur : forte et aedilitia actio, quae datur in eum, qui in loco prohibito habuerit verrem, aprum si tamen nocuerit ex quasi delicto.

Enfin, Accurse déclare, dans son commentaire des Institutes, que les quatre hypothèses de quasi-délits citées par Justinien ne sont que des exemples :

----

leurs, que le *Speculum judiciale* de G. Durand, dans lequel il n'est, en outre, pas fait mention du cas du juge qui fait le procès sien (liv. II, part. I, *De Actione seu Petitione,* § 5), sauf à la fin du paragraphe : *Item actio in factum contra magistratum, de qua in tit. de ju.,* qui pourrait viser l'action dirigée contre le juge. V. aussi lib. IV, part. IV, *De injuriis et damno dato,* § 2-15, 2-25.

In toto titulo isto nihil aliud dicitur, nisi quod ponuntur quaedam EXEMPLA, in quibus quidem EXEMPLIS tenetur aliquis ex quasi delicto et inter omnia EXEMPLA primum EXEMPLUM est de judice... (1).

Mais comme il ne prend pas soin de nous dire quelles sont les autres obligations quasi délictuelles dont celles-ci ne sont que des exemples, il est permis de douter qu'à son époque on en ait admis d'autres.

A notre avis, les Glossateurs sont restés emprisonnés comme leurs devanciers dans le cadre des quatre obligations quasi délictuelles romaines; en dépit des efforts tentés par eux, ils n'ont pas réussi à s'en évader (2).

En somme, et pour nous résumer sur les phases de l'évolution et de la constitution du quasi-délit, admis comme source distincte d'obligation par les Glossateurs, nous pouvons dire que dans les textes de la compilation deux points paraissaient particulièrement gênants pour l'édification d'une théorie homogène de la notion à laquelle il correspond.

---

(1) Accurse, *Corpus Juris Civilis Glosé*, Inst., IV, 5.

(2) Sur les actions quasi délictuelles, la glose ne nous apporte guère d'éclaircissements ; elle met toujours en évidence le caractère *in factum* de l'action, comme on peut le constater dans l'*Epitome Juris Florentina,* tit. 4, n° 12 ; la *Summa Codicis,* lib. IV, tit. 10 et 55 ; Anselme de Orto, *Juris Civilis Instrumentum,* tit. 15, 16, 26 ; Placentin, *Summa cum essem Mantuae,* lib. I, tit. 1, § 5. D'autre part, les auteurs attribuent à ces actions les mêmes caractères que leur reconnaissait le droit romain ; elles ne sont pas transmissibles contre les héritiers (*Epitome juris Florentina,* lib. IV, n° 32 ; Rogerius, *Summa Codicis,* lib. IV, tit. 8) ; ce dernier nous dit cependant que l'action quasi délictuelle est noxale, contrairement aux principes romains, *op. cit.,* lib. III, tit. 30. Enfin, il est admis que lorsque le quasi-délit a été l'œuvre de plusieurs personnes, l'exécution par l'une des parties de l'obligation qui en découle libère les autres, sauf cependant pour Rogerius qui paraît soutenir l'opinion inverse.

C'étaient :

— Le cas du *judex qui litem suam facit* par dol;

— La connexité étroite existant entre le quasi-délit considéré comme ayant sa source dans une faute non intentionnelle et le délit de la loi Aquilia susceptible de naître aussi bien d'une simple *culpa* que d'un dol.

Les glossateurs vont chercher à lever ces obstacles.

Ils feront complètement disparaître le premier en décidant que le juge qui rend une mauvaise sentence n'est coupable d'un quasi-délit que s'il a agi par *imprudentia*; au cas de dol, ils décident qu'il y a délit, et la peine est aggravée.

Cette première difficulté franchie, un rapprochement plus sensible s'établit entre le quasi-délit du juge et les autres actes illicites donnant ouverture à une action quasi délictuelle; ce rapprochement s'opère sur la base d'une *imprudentia*, le premier trouvant sa source dans une imprudence positive du juge qui en est tenu, tandis que les autres résultent d'une simple imprudence de choix ou de surveillance.

Nous avons remarqué, d'ailleurs, que cette extension de l'idée d'*imprudentia* aux diverses hypothèses de quasi-délit résulte plutôt de l'interprétation de la pensée des Glossateurs que de cette pensée, telle qu'elle est exprimée par les textes.

Les auteurs paraissent avoir été hypnotisés surtout par le cas du juge qui fait le procès sien par imprudence, et c'est en forçant peut-être un peu la nature des autres quasi-délits, admis par eux comme tels, parce qu'ils les avaient ainsi reçus du droit romain et de leurs devanciers immédiats, qu'ils leur ont étendu ce critère d'imprudence.

Ici, comme en matière de quasi-contrat, le mot de quasi-délit a existé avant la notion à laquelle il devra répondre; le cadre avant son contenu.

Etant admis sans discussion qu'il y avait quatre quasi-délits, la difficulté consistait à les rattacher à un critère commun, et celui qui est apparu aux Glossateurs comme pouvant s'appliquer de la manière la plus satisfaisante à tous, le cas du juge statuant mal par dol étant éliminé du domaine des quasi-délits, c'est celui de faute non intentionnelle.

On voit donc combien la notion est artificielle pour eux.

Et non seulement artificielle, mais inutile, car elle fait double emploi avec celle de délit; ici apparaît, en effet, la seconde difficulté, puisque on est invinciblement amené à se demander pourquoi ces cas d'*imprudentia*, que l'on qualifie de quasi délictuels, ne s'absorbent pas dans le cadre du délit Aquilien, ou bien, inversement, pourquoi la notion du quasi-délit n'attire pas à elle tous les cas d'*imprudentia*, y compris ceux que sanctionne la loi Aquilia ? A cette seconde difficulté, nous l'avons vu, les glossateurs n'ont pas apporté de solution.

Nous n'en devons pas moins retenir qu'ils ont fait faire à la notion de quasi-délit, pour aussi inutile et artificielle qu'elle nous apparaisse chez eux, un sérieux progrès et précieusement collaboré à son évolution, alors que le quasi-contrat, dont la formation était beaucoup plus avancée chez nos anciens auteurs que celle de quasi-délit, est demeuré une notion en période d'arrêt, encore négative et caractérisée par l'absence d'accord de volontés.

Ce qui ne veut pas dire, d'ailleurs, que les glossateurs aient complètement spiritualisé, systématisé la notion de quasi-délit, car si la faute non intentionnelle constitue pour eux la caractéristique essentielle du quasi-délit, il n'en faut pas conclure qu'ils voient dans tous les cas de faute non intentionnelle un quasi-délit.

CHAPITRE III

Les Bartolistes.

—

28. — L'examen des textes que nous ont laissés les Bartolistes ne nous donne pas l'impression qu'à l'exemple des
Glossateurs, ils aient fait œuvre aussi intéressante dans l'élaboration de la notion de quasi-délit.

Si, en effet, les développements qu'ils consacrent au
quasi-contrat, sans être très nouveaux, sont cependant assez
abondants (1), ils ne réservent au quasi-délit que quelques
passages assez courts et sans grande portée, directement
inspirés de leurs devanciers.

La glose, qui, ainsi que le remarque M. Vizioz (2), leur
« sert de cadenas et souvent d'autorité », paraît avoir para-
lysé ici leur effort créateur, et le xive siècle, si fécond en
d'autres matières, marque pour la formation du quasi-délit
une phase de cristallisation, sinon d'arrêt (3).

Les Bartolistes ne vont faire, en somme, que conserver et
transmettre, en les fortifiant, à l'école qui leur succèdera les
résultats des travaux des Glossateurs, avec quelques légères
modifications.

———

(1) Vizioz, *op. cit.*, p. 137.
(2) *Loc. cit.*
(3) Sur cette période, Vizioz, p. 137, n. 1 et 2.

Dans l'étude de cette période, nous ne nous arrêterons pas plus que précédemment à l'examen des sources des obligations. L'essentiel a encore été dit à cet égard par M. Vizioz (1).

Il a fait très justement remarquer que les Bartolistes admettent toujours et plus que jamais la division quadripartite en contrat, quasi-contrat, délit et quasi-délit, sources qu'ils qualifient dans leur langage scolastique de *causae remotae* et desquelles sont issues toutes les obligations ou *causae propinquae* d'où naissent à leur tour les actions personnelles (2).

Il a également noté que les *variae causarum figurae*, acceptées très généralement comme une cinquième source d'obligation par les Glossateurs, ne sont considérées par certains adeptes de l'École Bartoliste que comme un terme générique embrassant les quasi-contrats et les quasi-délits, mais non point d'autres obligations étrangères; cependant, il ne faut voir dans cette opinion qu'une tendance nouvelle et non point une conception adoptée par tous (3).

29. — Il n'y a pas davantage chez les Bartolistes de théorie générale du quasi-délit qu'il n'y en avait chez les Glossateurs, et c'est encore par l'étude analytique des différentes obligations à propos desquelles les Bartolistes avaient l'occa-

---

(1) Vizioz, *op. cit.*, p. 137 à 140, et les références qu'il donne en note.

(2) Références citées par M. Vizioz, *op. cit.*, p. 138, n. 1 et 2, et également: Cinus de Pistoie, *Lectura sur le Code et le Digestum Vetus*, 1547. *De rebus creditis*. Loi *Actionum Personalium*, n° 2. *Restat modo videre de personalibus actionibus, quare alie sunt ex contractu vel quasi, alie ex delicto vel quasi;* Jason de Mayno, *Lectura sup. tit. de Action,* § *omnium autem,* n°ˢ 1, 33-34 et 48 à 20, § *item si quis,* n° 104; Decius, *Enarratio in Dig. tit. de Regulis juris.* Loi *in personam,* p. 112, 4, l. 22. Loi *Bona Fides,* p. 213, 4, l. 57.

(3) Vizioz, *op. cit.*, p. 138, n. 3, à 140, n. 2.

sion de parler du quasi-délit que nous pouvons dégager leur opinion sur cette notion (1).

Après avoir constaté chez les Glossateurs une légère tendance à vouloir ébranler le groupe quadripartite des obligations quasi délictuelles, on note chez les Bartolistes une certaine régression de ce mouvement.

Ce sont toujours nos quatre obligations du droit romain qui sont citées dans les textes comme quasi délictuelles ; il est vrai qu'ils n'ajoutent pas que leur nombre s'arrête là, mais comme ils n'en citent pas d'autre, nous avons tout lieu de le croire, alors surtout qu'ils n'indiquent même pas qu'il n'y a là que de simples exemples de quasi-délits.

Ces obligations ne sont d'ailleurs pas énumérées et décrites toutes ensemble, comme se rattachant à une idée commune ; mais on les trouve dans des textes épars et c'est à l'occasion de l'étude de chacune d'elles, en particulier, qu'on signale qu'il s'agit d'un quasi-délit.

Parmi les différents actes qui donnent naissance à une obligation quasi délictuelle, celui du juge qui rend une mauvaise sentence est encore de ceux auxquels les jurisconsultent consacrent les plus longs développements (2).

Mais ils se contentent de ratifier les distinctions consacrées par leurs devanciers entre le cas où le juge s'est rendu coupable de dol, dans lequel ils voient un délit véritable qui entraîne sa condamnation à la *vera litis aestimatio*, et celui de simple imprudence pour lequel le juge devra seulement

---

(1) Vizioz, *op. cit.*, p. 140, fait la même remarque à propos du quasi-contrat.

(2) L'expression *litem suam facere* se rencontre encore, notamment dans Bartole, *Opera*, 1602, t. VI, D., L, 12; *De variis et extraordinariis cognitionibus*, t. VIII, Code, VII ; *Quomodo et quando judex sententiam proferre debeat*. Loi I, n° 5.

être condamné à *quantum judici aequum videbitur* ou, suivant les termes du D., L, 13, 6, à *quantum religioni judicis
videbitur* (1).

Sur les autres obligations quasi délictuelles, les Bartolistes
sont particulièrement avares d'explications, et lorsqu'ils nous
en fournissent, on constate que ces explications ne nous
apportent aucun élément nouveau (2).

---

(1) Cinus de Pistoie, *C. de poena judicis qui male judicavit*, l. *de eo.*,
p. 317 : *Si judex corruptus protulerit sententiam honorem perdit et damnum resarcit... Item (judex) ex edictum do. calum. quae omnia vera sunt
si dolo fecit. Si autem culpa, tenetur actione in factum ut D. de var. et
extraord. cogn.*, l. *si judex* et l. II ; Bartole, *Opera*, 1602, t. I, D., V, 4 ;
De judiciis, l. XV, § *si filiusfamilias*, t. II, D., L, 12, l. 6 ; *De variis et
extraordinariis cognitionibus*, t. VIII, C., lib. VII. *Quomodo et quando
judex sententiam proferre debeat*. Loi 1, n° 4, et *eod. lib.*, *De poena judicis qui male judicavit*. Loi 11, *De eo qui precio*, où l'auteur dit bien que la
peine édictée contre le juge est plus grave en cas de dol que d'*imperitia*. Également, t. X, *Quaestio* IX, n° 18 ; Johannes Faber, *Lectura, super
quattuor libros Institutionum*, 1 vol., 1513, p. 125, nous dit aussi : *De
obli. quae ex quasi delicto nascundur : Iste titulus non habet locum quando
judex per dolum vel corruptelam tulit sententiam, quia tunc tenetur proprie ex delicto, ut not. Bart. in l. filiusfamilias, D. de judi.* J. Faber
paraît en outre étendre la peine appliquée au juge à d'autres personnes,
telles que *consiliarius, auditor, referendarius, notarius.* Jason de Mayo,
citant J. Faber et Angelus de Aretin, rapporte la même opinion et la
même distinction : *Lectura praeclarissima super nodoso titulo de actionibus Institutionum*, 1 vol., Lyon, 1513, § *Item si quis*, n° 106, p. 29 ; *In
codicem commentaria*, 2 vol., Lyon, 1540, t. X, *De judiciis*, loi *sive autem
alterutra*, p. 129 ; son commentaire du Digeste, d'ailleurs fort incomplet
(Vizioz, *op. cit.*, p. 141, n. 1), ne contient rien d'intéressant pas plus
sur le délit que sur le quasi-délit. *Digesti Veteri, Infortiati et Novi
Commentaria*, 3 vol., Lyon, 1533.

(2) Aux actions *de ejectis et effusis, de positis et suspensis*, pour lesquelles les commissaires de Justinien avaient réservé d'assez longs
développements au D., IX, 3, Bartole ne consacre qu'un bref exposé à
peu près dénué d'intérêt, t. I, lib. IX, tit. 3 : *De his qui dejecerunt
vel effuderunt*. Il ne se montre pas plus original ni plus abondant dans

Elles permettent cependant de conclure qu'à l'exemple des Glossateurs, ils n'ont pas vu dans ces trois derniers cas d'obligation quasi délictuelle la sanction d'une responsabilité pour dol, mais bien comme dans le quasi-délit commis par le juge celle d'une *imprudentia*, d'une faute non intentionnelle résidant ici dans le choix ou la surveillance de ceux dont on doit répondre.

Et si eux non plus ne l'expriment pas en termes clairs et généraux, cette conception que les Bartolistes se font du quasi délit se trouve fortifiée et corroborée par celle qu'ils ont du délit, car ce sont eux qui, pour la première fois, vont mettre en relief le caractère spécifique du délit résidant dans son élément intentionnel, c'est-à dire dolosif.

Ainsi Bartole déclare :

> Nec dicat aliquis quod ratione effectus vulneris subsecuti idem non puniatur de insultu, quasi ad insultum animum non habuisse videatur, sed solum ad illationem vulneris subsecuti : quia voluntas et

---

son commentaire de l'action contre les *nautae, caupones, stabularii;* signalons cependant que pour lui, lorsqu'il y a eu *receptum* de la part des aubergistes, des patrons de navire ou des maîtres d'écurie, ceux-ci sont tenus *ex quasi contractu de recepto.* Voici donc une nouvelle hypothèse de quasi-contrat à ajouter à celles que nous indique M. Vizioz, t. I, lib. IV, *Nau., cau., stabu. ut recepta restituant,* l. VI, § *in factum.* Dans son t. VI, loi XLVII, tit. 5, *Furti adversus nau., cau., stabu.,* § *servi,* n° 5 *in fine,* il paraît bien rattacher la sanction donnée contre le maître à l'idée de responsabilité du fait d'autrui et faire résider la différence entre le délit et le quasi-délit dans la différence qui sépare le fait propre et le fait d'autrui : *Sed hic non constat, utrum ipse caupo fecerit, an alius, et sic non constat an conveniatur ex facto suo, vel ex quasi male, ficio, ex facto alterius.* Jason de Mayno, *Lectura sup. tit. de Action-* § *penales quoque actiones,* n°ˢ 23-24, semble être du même avis. Également, n°ˢ 103-104-105, dans lesquels il n'apporte lui non plus aucune contribution intéressante.

> propositum distinguunt maleficia et in maleficiis
> voluntas spectatur, non exitus ut D. de fur. l. qui
> injuriae in prin. et D. de ver. l. saepe. D. l. corn. de
> sica. l. divus Adrianus.
>
> Ideo dico hanc oppositionem non obstare, quia rea-
> liter quodlibet maleficium ex animo praesumitur esse
> commissum nisi contrarium sit probatum, quia omne
> maleficium prono animo praesumitur esse factum, l.
> 1 C. de sica. et D. eo. l. 1. § divus, l. de inju. l. si
> non convicii (1).

Ce passage de Bartole est tout à fait clair; pour lui, la
volonté et l'intention illicites caractérisent les délits; est-ce
donc forcer l'opinion de cet auteur que de déduire de cette
déclaration, par argument *a contrario* que pour lui le quasi-
délit est un acte non intentionnel, sans aller d'ailleurs jusqu'à dire qu'il considère tout acte illicite non intentionnel
comme un quasi-délit?

On peut admettre la négative, alors surtout que l'on vient
de voir que les Bartolistes excluent le dol de la notion de
quasi-délit (2) et que Decius déclare positivement :

> Dicitur hic de imprudentia, propter quam etiam
> poena mitigatur, nam imprudente delictum commit-

---

(1) Bartole, t. X, *Consilium,* IX, p. 55, n° 2.

(2) L'opinion de Bartole sur le délit paraît, d'ailleurs, être admise
par J. Faber, *Commentaires sur les Institutes,* édit. 1578. L'auteur y traitant dans une sorte d'appendice distinct de *Quaestionum sive torturatum*
déclare, en effet, n° 28 : *Nemo enim delinquere videtur, nisi habeat animus delinquendi.* En sens contraire, cependant, Cinus de Pistoie, *Commentaire sur le Code et le Digestum vetus,* C. *si adversus delictum,* l. *In
criminibus,* p. 71... : *deliquit ex animo; aut praeter animum;* mais le mot
delinquere est peut-être pris ici dans le sens générique d'acte illicite, et
il se peut qu'il embrasse à la fois délit et quasi-délit.

titur, quando inadvertenter et inconsiderater fit, unde dicitur obligari ex quasi maleficio (1).

Il est hors de doute que le jurisconsulte considère ici l'*imprudentia* comme le critérium des quasi-délits; et si on ne peut affirmer qu'il soit le porte-parole de son école, car son opinion demeure isolée, il n'en faut pas moins retenir les termes extrêmement généraux d'une déclaration que nous n'avons encore rencontrée chez aucun de ses prédécesseurs et qui nous achemine, sans doute, vers l'élaboration d'une véritable notion de quasi-délit.

Ainsi donc et en concluant sur ce point, nous dirons que les Bartolistes ont fortifié et généralisé l'idée émise par les Glossateurs que le quasi-délit se caractérise par l'*imprudentia* de son auteur, et s'ils font intervenir à côté ou à la place de ce premier critérium celui de responsabilité du fait d'autrui, il n'y faut voir, sans doute, qu'une forme du premier.

30. — Mais si l'on reconnaît que les Bartolistes voient à la base des quatre quasi-délits qu'ils énumèrent la sanction d'une imprudence, la même objection se présente qui avait déjà ému les Glossateurs, sans qu'ils aient pu réussir à la lever d'une manière satisfaisante pour l'esprit.

Comment, en effet, parler de quasi-délits, source distincte d'obligation, si ces quasi-délits peuvent s'incorporer et se fondre dans le cadre du délit Aquilien?

Autrement dit, il n'y aurait pas de quasi-délit, mais une source unique d'actes illicites, le délit comprenant à la fois l'acte dolosif et l'acte d'imprudence.

Les Bartolistes vont essayer d'éclaircir la difficulté par des

---

(1) Decius, *Enarratio in Dig. Tit. de regulis juris*, 1 vol., Lyon, 1610, Loi 108 : *Fere in omnibus*, n° 6, p. 300.

explications plus précises que celles proposées par les Glossateurs.

C'est à ce propos que Bartole écrit :

> Ratio quare judex per imperitiam judicans tenetur
> lege Aquilia et non ex maleficio est quia officium judi-
> cis est necessarium.

Et aussi :

> Op quia imperitia est culpa ut D. de regulis juris,
> l. imperitia et ex culpa quis et maleficio tenetur, quare
> non hic, ut in Aquilia? Et glo. dicit quod aliud in
> judice, aliud in Aquilia, et non dicit plus. Sed quae
> potest esse ratio? Dic sic, quod officium judicis est
> necessarium, l. numerum § judicandi quoque, infra
> de muneribus et honoribus, quia ex necessitate tene-
> tur, in Aquilia voluntarie fit.

Il est à remarquer que c'est toujours à propos des rapports
qui existent entre le délit du médecin et le quasi-délit du
juge, tous les deux coupables de négligence, que Bartole,
comme ses devanciers, examine la difficulté, bien qu'il nous
parle cependant du délit Aquilien en général.

Le jurisconsulte constate que si les Glossateurs et notamment Azon se sont demandé pourquoi le juge imprudent
était tenu d'un quasi-délit, alors que dans les mêmes conditions le médecin est reconnu coupable d'un délit, ils ne
l'ont pas résolu (1).

----

(1) Bartole, t. IX, Inst., IV, 5, *Usus medicus qui secat infirmos et qui
male curat, et per imperitiam tenetur ex maleficio. Nam lege Aquilia tenetur ut probatur, D. ad l. Aquil. qua actio, f. l. Aquil. § imperitia quare
similiter judex qui male judicat per imperitiam, non tenetur ex vero maleficio. Ad hoc respondit d. Azo et dicit quod secare ponitur inter maleficia*

A son avis, cette différence s'explique parce que le juge est obligé de rendre la justice, tandis que le médecin n'est pas tenu de donner des soins aux malades contre son gré.

C'est aussi l'opinion de Jean Faure qui, rapportant à ce propos celle de Pierre de Belleperche, nous dit :

> Sed cur judex male per imperitiam judicans non tenetur ex maleficio sicut medicus qui male secat qui tenetur lege Aquilia quae est ex maleficia. D., II, § imperitia.

> Petrus de Bella Pertica qui solum tangit hoc hic dicit quod Azo dicit quod secare non est maleficium sicut nec judicare sed male secare et male judicare sunt maleficia. Ipse autem respondet quod medicus et advocatus suscipiendo curam officiorum suorum videntur se affirmare peritos. Sed judex non. Ideo habet quandoque adminiculare sibi assessores. Preterea prima sunt officia voluntaria sed officium judicis est

---

et numeratur sed judicare non, secus, quare sed certa ista ratio non valet unam festucam quia secare non est maleficium, sed male secare est maleficium. Certe similiter male judicare est maleficium, ut C. de pen. jud. qui male judicat, l. I. Unde hoc dicere non est verum quia dices aliter quod est hic ratio diversitatis in judice, cum medico : quia dicit lex in medico, quod ambo curant pro pecunia, sed in judice non est simile : Nam medicus eo ipso, quod accepit infirmum ad curandam praetendit se habere pecuniam et sic in periculo decipiunt homines, et ideo tenetur ex vero maleficio sed judex prodest eo ipso quod judex pecuniam recepit, si per imprudentiam male judicat, tenetur ex quasi maleficio vero. Praedicta probantur de of. presi, l. illicitas, § ad hoc, C., de judi, l. certi et in auth. de judi, § 1. vel aliter judex invitus eligitur, alii voluntarii veniunt ad officium, imo conjurant continue, ut vocentur, et ideo nocent l. creantres. Unde rarius agitur cum judice cui necessitas imponitur, quam cum medico qui voluntarie hoc assumit, arg. C., de nego. gest., l. tutor, § qui fat. cogn., l. fidejussor, § necessario.

necessarium. D., De muneribus et honoribus. l. si.
§ judicandum.

Haec est veritas quia judex habet necessario judicare. Ille autem non habuit necessario secare nisi vellet (1).

C'est donc parce que l'office de justice est un office obligatoire auquel personne ne peut se soustraire, tandis que rien ne contraint à pratiquer l'art médical, qu'une faute commise dans l'exercice du premier serait un quasi-délit, tandis qu'à l'occasion du second il faudrait y voir un véritable délit.

Doit-on déduire de cette proposition que pour les Bartolistes, chez lesquels on la rencontre, le quasi-délit, en général, soit un acte non dolosif qui diffère du délit en ce qu'il intervient dans l'exercice d'une fonction obligatoire, tandis que celui-ci se produit à propos d'un acte volontaire?

Très certainement non.

En effet, comme nous l'avons vu, l'idée d'expliquer ainsi la différence de nature existant entre l'acte illicite du juge et celui du médecin n'est venue qu'à l'esprit de quelques rares auteurs; et il faudrait admettre qu'il n'y a eu pour eux qu'un seul quasi-délit : celui du juge coupable d'avoir rendu une mauvaise sentence, puisqu'il est le seul pour lequel une telle explication ait été avancée. Or, on ne peut nier que ces mêmes auteurs énumèrent les autres quasi-délits cités par les compilateurs.

Remarquons, d'autre part, que cette explication basée sur les conditions différentes dans lesquelles s'accomplit l'acte illicite ne peut expliquer la différence de nature que l'on cherche à découvrir entre le délit et le quasi-délit.

____

(1) Johannes Faber (Jean Faure), *Lectura sur les Institutes*, p. 125, § *si judex*.

Que l'acte incriminé ait été accompli dans un état de nécessité ou de liberté, cela n'en altère pas la nature, il demeure toujours un acte illicite et fautif.

Sans doute, la gravité de la faute est tempérée dans le premier cas par cette idée de nécessité, mais si cela permet d'expliquer une atténuation corrélative de la peine, on n'en peut déduire que l'infraction qu'elle sanctionne soit à ce point différente du délit, qu'elle constitue une source d'obligation bien distincte.

En réalité, il s'est produit chez les Bartolistes ce qui était déjà arrivé avec leurs devanciers. Ils ont accepté les textes légués par les compilateurs sur le quasi-délit comme inattaquables sans avoir voulu exercer leur esprit critique à en percer le sens exact, à déterminer surtout par quelle évolution s'était accomplie leur élaboration.

Ils ont admis, sans songer à le discuter, qu'il y a, à côté du délit, une source distincte d'obligation illicite : le quasi-délit; aussi ils ont voulu à toute force trouver à ces deux sources d'obligation un critère différent, alors que s'ils avaient connu le mode de formation du quasi-délit, ils auraient constaté qu'il n'y avait eu là pour les Romains qu'une création de nature surtout théorique et tardive dont le contenu aurait pu parfaitement se confondre avec celui du délit et dont l'apparition répondait surtout à des soucis d'ordre scolastique.

Cela leur aurait évité de se donner la peine de rechercher pour quelle raison on avait mis une étiquette différente sur l'acte du juge et sur celui du médecin.

Il ne semble donc pas inexact de répéter, comme nous l'exprimions au début de ce chapitre, que les Bartolistes ne paraissent pas avoir donné à l'idée de quasi-délit une force nouvelle.

Leur rôle a consisté surtout à servir d'intermédiaires, de

transition, entre les Glossateurs et leurs propres successeurs, bien qu'il faille noter cependant qu'ils ont souligné le caractère non dolosif de l'acte générateur du quasi-délit, surtout par une analyse du délit plus poussée que ne l'avaient fait leurs devanciers.

Mais eux aussi ont été impuissants à expliquer comment cet acte en diffère vraiment, puisque la loi Aquilia sanctionne aussi bien le dol que l'imprudence.

CHAPITRE IV

Les Humanistes.

Dans leur classification des sources des obligations, les Humanistes, à leur tour, n'oublient pas de faire mention du quasi-délit, soit qu'ils admettent la division quadripartite, soit qu'ils consacrent, plus rarement d'ailleurs, comme certains Bartolistes, l'existence d'une cinquième source d'obligation indépendante, connue sous le nom de *variae causarum figurae*, soit enfin qu'ils proposent une classification plus originale, comme le fait Heineccius (1).

Notre tâche consistera ici à rechercher, d'une part, les caractères et le fondement de la notion d'obligation quasi délictuelle et, d'autre part, son contenu.

SECTION PREMIÈRE

Caractères et fondement de la notion.

31. — Ce que M. Vizioz a dit du quasi-contrat chez les Humanistes peut s'appliquer avec autant de raison au quasi-délit.

Dans cette matière, en effet, en dépit des efforts que parais-

---

(1) Vizioz, *op. cit.*, p. 151-153, et les notes.

sent avoir fait les auteurs pour échapper à l'influence de leurs devanciers et dégager la pure conception romaine du quasi-délit, ils ont bien davantage travaillé sur la notion quasi délictuelle des Bartolistes, telle que ceux-ci l'avaient précédemment reçue des Glossateurs, que sur celle de Justinien.

Cette notion ne semble pas les avoir préoccupés tous au même degré. Certains auteurs, généralement les plus anciens, se borneront à commenter ou simplement à paraphraser les textes légués par les compilateurs, notamment ceux des Institutes, sans chercher, à l'instar des Bartolistes, à en dégager des conclusions fermes; d'autres esprits, à la fois plus vigoureux et plus curieux, vont éprouver, au contraire, la valeur de la notion de quasi-délit et s'engager dans le chemin des controverses à peine frayé par leurs devanciers. Ils aboutiront à des conclusions d'un intérêt très divers.

Nous allons étudier tour à tour ces deux courants de la pensée des Humanistes, non sans avoir constaté qu'ils sont dominés tous deux, même chez les moins originaux des représentants de l'école, par cette idée émise par les Glossateurs et fortifiée par les Bartolistes : que le quasi-délit est un acte se rapprochant du délit par son caractère illicite et s'en éloignant par sa nature non intentionnelle, fruit d'une *culpa,* d'une *imperitia,* et non point d'un dol.

Sous le bénéfice de cette remarque générale, nous devons noter comme représentants de la première tendance : Duarenus, Balduinus, Giphanius, Schneidewinus, Grégoire le Toulousain, et plus tard : Pacius, Colombet, Corvinus et Perezius.

Duarenus définit encore le quasi-délit comme étant un acte qui se rapproche davantage de la nature du délit que de celle du contrat (1), définition aussi négative que celle que nous avons rencontrée dans l'*Epitome Exactibus Regibus* des préglossateurs ; mais l'auteur se hâte de préciser, en ajoutant que le juge est tenu d'un quasi-délit parce qu'il a mal jugé par imprudence et non par dol et il voit dans la responsabilité quasi délictuelle des *nautae, caupones, stabularii*, la sanction d'une faute de choix exclusive de dol (2).

Balduinus ne formule pas de définition, mais il paraît voir, lui aussi, dans le quasi-délit la sanction d'un acte d'imprudence non dolosif ou celle de la responsabilité du fait d'autrui (3), et c'est également la même conclusion qui ressort des travaux de *Giphanius* (4).

Avec Schneidewinus et ses successeurs, on voit naître une notion de *quasi*, ou *improprie delictum*, s'opposant au *vere* ou *proprie delictum* sur une base, cette fois, véritablement positive.

On peut s'en rendre compte par cette déclaration que *Schneidewinus*, le premier, formule d'une façon aussi générale que catégorique :

> Dicitur autem quasi delictum improprie delictum ex eo quod quis obligatur aliquando ignorans ob alterius culpam ex facto scilicet alieno, aliquando vero ex imperitia, sive negligentia propria : quo casu propter

---

(1) Duarenus, *Opera Omnia*, 4 vol., Lucques, 1765, lib. XLIV, tit. 7, *De obligationibus*, p. 734, t. II.

(2) Duarenus, *op. cit.*, t. I ; D., V, *De judiciis*, cap. vii, *De variis judiciorum praeceptis*, p. 292 ; D., IV, 9, *Nautae, caupones, stabularii ut recepta restituant*, p. 270, t. III, lib. XLVII, tit. 5, *Furti adversus nautas*, cap. i, p. 195.

(3) Balduinus, *Commentarii in libros quattuor Institutionum*, 1 vol., Paris, 1554, lib. IV, tit. 5, p. 630 : *De obligationibus quae quasi ex delicto nascuntur, eod. tit.*, p. 633.

(4) Giphanius, *In quattuor libros Institutionum Justiniani commentarius absolutissimus*, 1 vol., Strasbourg, 1611, lib. IV, tit. 5, p. 464.

dolum cessantem non oritur propria delictum sed quia peccasse aliquid intelligitur ex quasi maleficio teneri videtur (1).

Voilà donc le quasi-délit défini nettement comme un acte non dolosif résultant soit de la faute d'autrui, soit d'une imprudence personnelle à celui qui en répond (2).

Cette définition est reprise par *Pacius*, qui oppose le quasi-délit au délit, comme la *culpa* au dol (3), et par *Colombet*, lequel, après avoir répété avec Duarenus :

Quasi delictum est factum delicto simile, précise culpa sine dolo tamen facientis admissa (4).

Corvinus adopte encore la même définition, mais il la fait suivre de plus longs développements (5), comme *Perezius*,

____

(1) Schneidewinus, *In quattuor Institutionum Justiniani libros commentarii*, 1 vol., Cologne, 1724, lib. IV, tit. 5, p. 1087; Grégoire le Toulousain, *Syntagma Juris Universi*, 1 vol., Lyon, 1597, qui a consacré de longs passages de son traité à l'étude du quasi-contrat (Pars III, lib. XXIX, *De obligationibus quae ex quasi contractu*), est peu curieux du quasi-délit. Il le cite bien à côté du délit parmi les sources d'obligations (Pars III, lib. XXXI, cap. ii, *De divisione seu generali distinctione omnium*, § 3), mais il n'en donne pas de définition et se contente de renvoyer aux exemples qui sont énumérés dans le Digeste.

(2) Schneidewinus, *In quattuor Institutionum Justiniani libros commentarii*, 1 vol., Cologne, 1724, lib. IV, tit. 5, p. 1088, nᵒˢ 2-3 et 5; p. 1090, nᵒ 16; p. 1092, § *Item is*.

(3) Pacius, *Institutionum Imperialium Analysis Earundem Institutionem Epitome*, Lyon, 1605, lib. III, tit. 13, *De obligationibus*, p. 249 : *Aut enim aliquid peccatum est aut non. Si quid ex peccati : vel admissum est ex dolo malo et est delictum ; vel ex culpa et est quasi delictum.*

(4) Colombet, *Synoptica Institutionum Imperialium Descriptio*, 1 vol., Paris, 1691, lib. IV, tit. 5, p. 142.

(5) Corvinus, *Enchiridium seu Institutiones Imperiales explicatae per Erotemata*, 1 vol., Amsterdam, 1644, lib. IV, tit. 1, p. 419-420, *eod. lib.*, tit. 5, p. 442.

qui remarque que c'est en faisant intervenir une fiction que l'on peut dire qu'il y a quasi-délit (1); cette idée de fiction, il l'a empruntée d'ailleurs à certains théoriciens de l'École du droit naturel, comme nous aurons l'occasion de le montrer plus tard.

Cependant, les auteurs appartenant à ce premier groupe, même ceux qui nous ont donné une définition véritable du quasi-délit, ne paraissent pas avoir été frappés par ses rapports avec le délit de la loi Aquilia, tout en reconnaissant toujours cependant qu'il peut résulter aussi bien d'une faute, d'une simple *culpa*, que d'un dol (2).

Il est vrai que Pacius compare l'impéritie de l'avocat à celle du médecin, seulement il ne déclare pas que l'avocat, comme le juge, est tenu en vertu d'une action quasi délictuelle, mais par une action *in factum*, car le dommage n'a pas été causé *corpori*, ainsi que l'exige la loi Aquilia (3).

Perezius fait allusion, lui, à l'impéritie du jurisconsulte qu'il rapproche de celle de l'avocat et du médecin, tous étant en faute de n'avoir pas convenablement exercé un art dans la pratique duquel ils se prétendaient experts; mais, ici encore, il n'est question ni du *judex qui litem suam facit*, ni des rapports existant entre le délit et le quasi-délit (4).

---

(1) Perezius, *Institutiones Imperiales Erotematibus Distinctae*, 1 vol. Anvers, 1706, lib. IV, tit. 5. Cette idée de fiction est également mise en relief par l'auteur, lib. III, tit. 14, et dans ses *Praelectiones in Duodecim Libros Codicis Justiniani*, 2 vol., Genève, 1740, lib. IV, tit. 10, *De obligationibus et Actionibus*.

(2) Tels : Duarenus, *op. cit.*, t. I, Code, II, 35. *Si adversus delictum suum;* Caput, 1, p. 188 : *Delictum certe potest esse sine proposito et sine dolo;* Colombet, *op. cit.*, lib. IV, tit. 3. *De lege Aquilia,* p. 138; Corvinus, *op. cit.*, lib. IV, tit. 3, p. 431.

(3) Pacius, *op. cit.*, lib. IV, tit. 3, p. 346.

(4) Perezius, *Inst.*, IV, 3, p. 392, *De lege Aquilia; Praelectiones in Duodecim Libros Codicis*, t. I, lib. VII, tit. 49, § 7.

32. — Avec Zazius d'abord, le plus ancien parmi les plus illustres représentants de l'École des Humanistes, avec Cujas, et surtout avec Hotman et Doneau, tous deux contemporains, on assiste à la formation d'un second courant d'idées beaucoup plus puissant que celui dont nous venons de retracer l'évolution. C'est alors que l'on voit renaître et s'élargir, d'une manière aussi profonde qu'intéressante et souvent originale, les discussions sur les rapports du quasi-délit et du délit, et que se manifeste très visiblement la gêne des auteurs pour expliquer l'existence simultanée de ces deux sources d'obligations.

Zazius est encore imbu des conceptions des Bartolistes.

Comme eux, il s'attache uniquement à la question des rapports entre le délit et le quasi-délit du juge qui rend une mauvaise sentence, sans se préoccuper des autres hypothèses du quasi-délit (1).

Il critique comme trop simplistes les théories qui expliquent l'existence du quasi-délit à côté du délit, par l'ignorance du juge ou l'absence de contrat (2).

Après avoir constaté que la faute comme le dol relève du domaine du *maleficium*, puisqu'elle est sanctionnée par une peine, il se demande pourquoi, lorsque le juge a mal statué par impéritie et a commis en réalité un *maleficium*, on parle *de umbra maleficii, vel de quasi maleficio* (3).

---

(1) Zazius, *Opera Omnia*, 7 vol., 1537-1541 (dont 6 édités à Bâle et 1 à Fribourg-en-Brisgau. Sur cette édition, voir ce qu'en dit M. Vizioz dans sa bibliographie. Nous avons suivi le même ordre. Zazius voit dans l'action *de effusis et dejectis*, dans celle donnée contre les aubergistes, maîtres d'écurie, patrons de navire, la sanction traditionnelle d'une imprévoyance dans le choix de ses préposés. T. III, p. 277; t. VII, *Enarrationes*, p. 8.

(2) Zazius, t. III, p. 275.

(3) Zazius, *loc. cit.*

Et il rapporte l'explication chère aux Bartolistes, dont nous avons déjà apprécié l'insuffisance :

> Solutio communis est quod judex ideo non incidit in maleficium, id est in culpam maleficii, quia judicandi munus est necessarium (1).

Cujas, après avoir posé comme principe qu'en matière de quasi-délit l'obligation naît *ex culpa*, non *ex maleficio*, est cependant bien obligé de reconnaître à son tour que la loi Aquilia sanctionne la faute même *levissima* en tant que délit (2).

Mais il donne de cette différence la raison suivante :

> ... Etiam is, qui aliis nocuit, nocere noluerit, per imperitiam videlicet suo corpore, manu sua, vel per causam sui corporis alienum corpus, alienum animal occiderit aut vulneraverit aut si aliam rem in animatam ufferit, ruperit, fregerit. Et haec damnorum genera, quae sunt maxime omnium culpam augent, et convertunt im maleficium : alias vero culpa, quae alio modo laedit alterum, non est maleficium, nec vindicatur actione legis Aquiliae, quae est civilis, sed actione in factum praetoria.

Autant dire que pour Cujas le quasi-délit se distinguerait du délit de la loi Aquilia résultant d'une simple faute, parce qu'il n'est pas commis *corpore* ou *per causam corporis* et est sanctionné par une action prétorienne *in factum* et non point par une action civile.

---

(1) Zazius, *loc. cit.*, et t. II, p. 188.

(2) Cujas, *Opera Omnia*, 11 vol., Naples, 1722-1727, t. I, Inst., IV, 5 ; t. VIII, D., XLIV, 6, 5, 4, p. 331 ; même tome, *In. Inst. Domin. Justiniani*, lib. IV, cap., V p. 1093-1094, § *si judex*.

Malheureusement, si les actions quasi-délictuelles se distinguent nettement des actions délictuelles par ce caractère prétorien *in factum* qui a sans doute servi de base à la classification romaine, bien que toutes les actions pénales *in factum* soient loin d'être quasi délictuelles, le second critérium proposé par Cujas ne peut donner satisfaction.

C'est qu'en effet, si ce critérium est, à la rigueur, admissible dans les hypothèses de quasi-délit que le droit romain sanctionnait par les actions *de effusis et dejectis* et par les actions contre les *nautae, caupones, stabularii*, où l'on est tenu de la faute d'un tiers, il ne peut être accepté, s'il s'agit du juge qui fait le procès sien, car, en l'espèce, si le dommage n'est pas causé *corpore*, il ne l'est pas davantage *corpori*; or, Cujas semble exiger, dans tous les cas, qu'il y ait dommage *corpori*.

Ce critérium est encore moins applicable dans le cas de l'action *de positis et suspensis*, où il n'y a pas de dommage du tout.

On voit donc que Cujas, pas davantage que Zazius, n'est en mesure d'expliquer l'existence du quasi-délit. Retenons surtout de son œuvre l'insistance avec laquelle il appuie sur le caractère *in factum* des actions quasi délictuelles, et sachons-lui gré d'avoir tenté de trouver un critère commun à tous les quasi-délits, au lieu de s'être contenté d'étudier, comme ses devanciers, ce qui sépare le quasi-délit du juge qui a mal statué, du délit en général et de la faute aquilienne en particulier.

Chez Hotman et Doneau, nous assistons à l'apparition de conceptions beaucoup plus scientifiques sur les rapports du délit et du quasi-délit, conceptions qui auraient dû amener ces auteurs à proclamer ouvertement l'inexistence de la prétendue notion de quasi-délit s'ils n'avaient pas été paralysés par un respect démesuré de la classification de Justinien.

Hotman, le premier, se montre original ; s'il ne l'exprime pas clairement, il ressort néanmoins de ses explications que pour lui il ne peut être question d'une différence de nature entre le délit Aquilien du médecin et le quasi-délit du juge ou du jurisconsulte qui pèche par ignorance.

Dans son commentaire de la loi Aquilia (1), il se demande si l'on doit donner cette action contre le jurisconsulte négligent comme on la donne, dans les mêmes conditions, contre le médecin.

Il insiste assez longuement sur la question et s'étonne que l'on ait pu considérer l'acte du jurisconsulte comme un quasi-délit, alors que l'on a fait de celui du médecin un délit.

A son avis, les deux situations étant identiques, les droits les mêmes, il n'est pas admissible que les sanctions diffèrent. C'est ce qu'il exprime en disant :

> Si in pari caussa paria jura statuenda sunt, pariter de omnium artificum imperitia judicandum : neque magis id quod a medico, quam id quod a judice per imperitiam peccatum est, delicto ascribendum esse.

Le dol du juge, comme celui du médecin, rentrant dans la catégorie des délits, le premier du délit d'injures, le second du délit de la loi Aquilia, *la faute* de l'un et de l'autre doit semblablement rentrer dans la catégorie du quasi-délit :

> Quod igitur in utriusque dolo pariter valuit, pariter etiam in utriusque pari culpa valeat... Videamus ergo ne a delicto culpa distinguenda sit : et quod impe-

---

(1) Hotman, *Opera*, 3 vol., 1599, t. II, lib. IV, tit. 3, p. 747.

ritia tum a medico, tum a judice peccatum est, per actionem in factum quasi ex delicto obligati essent, petendum esse videatur (1).

Il faut donc admettre qu'il y a dans la faute du médecin, comme dans celle du juge, un quasi-délit et ne pas chercher entre elles une différence de nature qui n'existe pas.

Ainsi Hotman élargit le nombre des quasi-délits en y agrégeant la faute médicale, au lieu d'attirer dans le cadre du délit la faute du juge.

Mais Hotman ne généralise pas au point de dire que dans tous les cas de simple faute il y a quasi-délit, et il s'avoue presque impuissant à rendre compte des raisons pour lesquelles on a vu une source de quasi-délit dans les autres hypothèses qu'il cite ; il se contente de dire des actions *de effusis et dejectis, de positis et suspensis,* que ce sont des actions détachées de la loi Aquilia dont la sanction plus rigoureuse intéresse la responsabilité du fait d'autrui ou le dommage causé par les choses inanimées (2).

Chez *Doneau,* qui est réellement un constructeur, les conceptions juridiques paraissent s'élargir et se synthétiser.

Reprenant la question de plus haut, l'auteur dit qu'il faut faire entre le *delictum* et le *maleficium* la différence qu'il y a du genre à l'espèce.

Pour lui :

---

(1) *Eod. lib.,* également tit. 5, p. 771. *De obligationibus quae quasi ex delicto nascuntur.*

(2) C'est ce qui l'amène, sans doute, à écrire : *Maleficium est quo, quis ex suo facto tenetur. Quasi maleficium ex alieno,* t. II, Inst., IV, 1, p. 575 ; Inst., IV, 5, p. 772 à 775 ; t. II, D., IX, 3, *De his qui effu.,* p. 149 à 151 : *Quam tamen legis Aquiliae partem fuisse non quidem ex verbis, sed ex sententia delibatam.*

Delictum genus est : quo verbo significatur factum id omne aut omissum, quod ex contra legem Dei eamque legem mentibus nostris inscriptam.

At maleficium est ea species delicti, qua peccatur adversus alios : neque id quovis modo : sed qua fit aliis male... id est qua nocemus et detrahimus alteri (1).

Le délit, c'est l'acte contraire à la loi divine et le *maleficium* est une espèce de délit à raison duquel, par notre faute, nous causons un dommage à autrui ; c'est déjà l'idée de délit, telle qu'elle est exprimée dans l'article 1382 de notre Code civil, qui ressort de cette définition.

Mais quelle place Doneau réserve-t-il au quasi-délit ? Elle paraît bien petite. L'auteur ne nous en donne qu'une définition aussi négative que vague et dont on retire l'impression que pour lui il n'y a là qu'une subdivision sans grand intérêt du délit ou *vere delictum* dans lequel elle s'absorbe, tandis qu'il maintient le quasi-contrat comme source autonome (2).

____

(1) Doneau, *Opera omnia*, 12 vol., Rome, 1828, t. IV, lib. XV, cap. xxiv, § 2, p. 199.

(2) Doneau, *op. cit.*, t. III, lib. XII, cap. i, § 11, p. 470 : *Delictum id est factum id quo nocetur alteri, jure ità coercetur, ut sarciat alteri, quo abstulit. Id duplex est maleficium, quod propria delictum est, et quasi maleficium, in quo non tam delictum apparet. Quanquam si vere judicare volumus, uno maleficii et delicti generi continentur omnia, quaecumque extra contractum et quasi contractum nos tenent. Nam et quod quasi delictum et quasi maleficium nominatur a Caio et Justiniano vere delictum est et maleficium, ut dicitur suo loco.* Dans son t. VI, lib. XV, cap. xliii, § 2, p. 435 sq., où Doneau traite plus spécialement : *de obligationibus quae quasi ex maleficio nascuntur,* il ne se montre pas plus précis sur la nature de ces obligations, se contentant de dire du quasi-délit qu'il est *maleficio finitimum.*

Pour cet auteur, il y a deux espèces de quasi-délit :

Unum, cum quis quid fecit, quo facto nomini nocuit, factum tamen ita comparatum est, ut possit publice nocere.

Alterum, cum quid factum est, quo nocitum est alteri. Sed ab alio quam ab eo, qui ex hac caussa convenitur, ubi ejus qui convenitur, solum coercetur negligentia, aut quid negligentia proximum.

Il y a donc quasi-délit, ou lorsque le dommage n'est pas réalisé, mais demeure à l'état de simple menace, ou lorsqu'un dommage a été causé non point par la personne qui en est tenue, mais par celui dont elle doit répondre, et il s'agit dans ce dernier cas de réprimer sa négligence ou quelque faute analogue.

Dans la première de ces catégories, on devine que Doneau va faire rentrer le cas des *posita et suspensa*, tandis qu'il réservera à la seconde celui des *dejecta et effusa* et la responsabilité des aubergistes, maîtres d'écurie et patrons de navire.

Mais un fait nous frappe dans cette énumération : c'est la disparition du cas du juge qui fait le procès sien, cas qui paraissait constituer pour les Romains le type par excellence du quasi-délit, et auquel Hotman a consacré, nous l'avons vu, d'assez longs développements.

On trouve l'explication de cette anomalie dans le chapitre XXVIII du même livre, intitulé : *De damnis datis quae integris et incorruptis rebus alienis contingunt,* où parmi les dommages qui y sont étudiés par l'auteur dans le deuxième groupe, il est fait allusion, comme cinquième hypothèse, au *judex qui litem suam facit* (1).

---

(1) Doneau, *op. cit.*, t. IV, lib. XV, cap. xxviii, p. 130 sq., 235 à 240, § 8.

C'est en traitant de ce sujet que Doneau remarque que les Romains admettaient que le juge faisait le procès sien par imprudence ou par dol, mais, ajoute-t-il, *neque explicatur qua in re sit hoc peccatum, quo judex per imprudentiam litem suam faciat.*

A son avis, il faut qu'il y ait à la fois faute et dommage, c'est-à-dire *damnum injuria datum,* comme l'exige notre article 1382 du Code civil. Mais ce qu'il y a de plus remarquable chez Doneau, c'est que la faute peut aussi bien résulter d'une simple *imprudentia* que d'un dol.

Or, comme le *damnum injuria datum* est un *maleficium* sanctionné par l'action de la loi Aquilia, Doneau en conclut par un syllogisme que le juge qui *litem suam facit* commet un *maleficium* et non point un quasi *maleficium,* et ceci bien que Gaius ait affirmé le contraire (1).

Ainsi, tandis que Cujas et Hotman conservent au cas du *judex qui litem suam facit* sa qualité de quasi-délit, le second faisant même rentrer dans cette catégorie l'acte du médecin négligent, Doneau y voit un délit, puisqu'il y trouve les deux éléments nécessaires, mais suffisants à sa formation : la faute, intentionnelle ou non, et le dommage.

Là, le quasi-délit se distingue du quasi aquilien ; ici, il s'absorbe en lui.

La théorie de Doneau nous apparaît comme le résultat d'une analyse tout à fait scientifique autant que moderne, peut-on dire, de l'idée de responsabilité et de faute. Il a une conception bien nette du quasi-délit, puisqu'il le supprime.

Mais il a eu le tort lui aussi de ne pas secouer tout à fait le joug des textes de la compilation.

Il n'a pas su se débarrasser complètement d'une notion de sens et de portée purement historique.

____

(1) *Loc. cit.,* § 10, et aussi t. IV, lib. XV, cap. xliii, § 13, p. 444.

On en a la preuve lorsqu'on lit son étude consacrée aux actions *de effusis et dejectis*, qu'il aurait dû rattacher au groupe des actions délictuelles de la loi Aquilia, s'il était demeuré fidèle à la théorie que nous venons d'exposer ; ici, également, il y a, en effet, *damnum injuria datum*.

Et cependant il n'en est rien ; l'auteur s'ingénie à démontrer que cette action ne sanctionne pas un délit de la loi Aquilia, mais un quasi-délit parce que la négligence dont est tenu le maître est si légère que sa responsabilité ne serait pas engagée s'il n'y allait pas de l'intérêt public (1).

Combien cette argumentation paraît chancelante quand on la compare à la rigueur et à la logique de raisonnement dont Doneau a fait preuve à propos du *judex qui litem suam facit*.

Notons enfin qu'on conçoit mal comment l'auteur peut échafauder ici son concept du quasi-délit sur l'idée de responsabilité du fait d'autrui, alors qu'il fait intervenir l'absence de dommage à propos de *posita et suspensa*. Cette dualité de critères est incompatible avec l'idée d'une notion unique.

Il n'en faut pas moins savoir gré à Doneau de son analyse extrêmement fine de l'idée de délit dans ses rapports avec le quasi-délit, idée qui, s'il avait su se dégager de l'exégèse des textes, nous aurait, dès son époque, débarrassé d'une notion vide et, partant, inutile.

Vinnius, un des représentants les plus célèbres de l'École Humaniste en Hollande, et qui se rattache aussi à l'École du

---

(1) *Eod. cap.*, § 5, p. 437-438 : *Non enim est id factum, quo ipse nocemus et detrahimus alteri : sed id quominus noceatur alteri, non prohibemus. Quod genus neglectus in rebus privatis coerceri non solet. Argumento ex lege Aquilia quae aliena corrumpenti poenam statuit : negligenti, et perire patienti nullam, l. si cujus, § de praeteritis, in fin., D., de usufruct. Sed in hac specie accedit utilitas publica, quae suasit hanc culpam coerceri.*

droit naturel, semble avoir été sur bien des points visiblement impressionné par les idées de Doneau (1).

A son exemple, il distingue entre le *delictum* et le *maleficium* (2), et il définit le quasi-délit comme un fait qui, bien que ne rentrant pas dans la catégorie du délit, s'en rapproche cependant davantage que du contrat (3).

Cependant, il se sépare de Doneau dans son analyse du cas du juge coupable d'avoir mal statué par imprudence qu'il replace, comme l'avaient fait avant lui Zazius, Cujas et Hotman, dans la classe des quasi-délits; mais tandis que ces auteurs paraissaient voir, avec Doneau, dans le quasi-délit du juge une simple variété du délit de la loi Aquilia, Vinnius croit y trouver une source spéciale d'obligations.

Comme l'avaient déjà dit les Bartolistes et après eux Zazius, il prétend que c'est en raison de l'obligation dans laquelle se trouve le juge d'accomplir sa mission qu'on le considère comme seulement coupable d'un quasi-délit lorsqu'il commet une imprudence, alors que le médecin qui est libre de remplir son office est puni pour un délit.

Il ajoute que la nature quasi délictuelle de l'acte s'explique également parce que le dommage n'est pas causé *corpori*, tandis que Cujas en donnait pour motif qu'il n'avait pas lieu *corpore* (4).

---

(1) Vizioz, *op. cit.*, p. 172.

(2) Vinnius, *Commentaires sur les Institutes,* 1 vol., Leyde, 1642, lib. IV, tit. 1, p. 1183 et 1243 sq. ; *Partitiones juris civilis,* 1 vol., Rotterdam, 1663, lib. II, cap. XLV, p. 347-348.

(3) *Commentaires sur les Inst.,* lib. IV, tit. 5, p. 1243. *Quasi maleficium est omne factum, quo quis proprie quidem dici non potest deliquisse, sed tamen quod maleficio est proximum.* Cette définition est reproduite dans les mêmes termes ou peu s'en faut par les *Partitiones juris,* lib. II, cap. XLV, p. 347.

(4) P. 153, *supra.* L'opinion de Vinnius est aussi celle de Pacius, *supra,* p. 151.

Chastaignet

11

On trouve un résumé de la théorie de Vinnius dans la déclaration suivante :

> Cur igitur non item dicimus judicem perperam per imprudentiam judicantem ex vero delicto obstringi, sed tantum quasi ex delicto ? Nimirum quia medici periculosam imperitiam delicto subjicit temeraria professio scientiae : judex autem non professione jurisprudentiae censetur, sed publica auctoritate constituitur, etiam invitus. Etenim imperitia per se culpa non est : sed in eo qui peritiam alicujus rei profitetur, in ea re culpae adscribitur, l. 9, § pen. l. item quaeritur 1, 3, § si gemma, 5, locat. Denique casus hic separatus est a lege Aquilia, qua damnum corpori datum dumtaxat coercetur, § ult. supr. de leg. Aquil. (1).

Malheureusement, ces explications, outre qu'elles sont encore limitées aux rapports du délit Aquilien avec le quasi-délit du juge imprudent, sont aussi insuffisantes.

La première n'est pas plus plausible chez Vinnius qu'elle ne l'était chez les Bartolistes (2) ; quant à la seconde, elle est aussi inacceptable, car il faudrait alors faire rentrer dans le domaine du quasi-délit toutes les hypothèses dans lesquelles on donne une action *in factum* de la loi Aquilia, parce que le dommage n'est pas causé *corpori* ; or, personne, pas plus Vinnius que les autres, n'a songé à faire une pareille généralisation (3).

---

(1) Vinnius, *Inst.*, IV, 5, p. 1244.

(2) *Supra*, p. 144-145.

(3) Il faut d'ailleurs remarquer que dans ses *Partitiones juris civilis*, lib. II, cap. xlvi, l'auteur revient à la conception de Doneau sur le cas du juge qu'il place parmi les délits se produisant sans altération de la chose, avec une légère réserve cependant : *Per imprudentiam vero*

Une conception beaucoup plus hardie des rapports de la notion de quasi-délit avec le délit aquilien se dégage des travaux de Lorry, de Cl.-J. Ferrière et d'Heineccius.

On peut la résumer d'un mot; pour ces auteurs, la solution est aussi facile qu'élégante; la loi Aquilia sanctionne le quasi-délit comme le délit.

Il n'y a d'ailleurs là qu'un élargissement des théories de Doneau; tandis que pour ce dernier, seul l'acte du juge pouvait rentrer dans le cadre du délit aquilien, chez Lorry, Ferrière et Heineccius, tous les quasi-délits ne font qu'un avec le délit de la loi Aquilia.

Examinons brièvement les conceptions de chacun de ces jurisconsultes.

Lorry définit le quasi-délit comme la *culpa sine dolo, delicto similis et finitima* (1), et il admet que la loi Aquilia sanctionne le dommage causé par un quasi-délit, comme par un délit, suivant qu'il y a simple faute ou dol (2).

Aussi on ne s'explique pas pourquoi, après une semblable affirmation, Lorry maintient une différence entre le juge condamné *in id tantum, quod superiori aequum videbitur* et

---

male judicans, facit quidem etiam litem suam et quantum de ea re aequum religioni judicantis videtur poenam sustinet : sed magis est, ut tum ex quasi maleficio teneatur. Et il explique ici encore cette réserve par la nature obligatoire de la fonction du juge. Dans le livre, cap. LV, p. 377, *De obligationibus quae quasi ex maleficio nascuntur,* on constate chez Vinnius une affirmation de cette réserve et un retour à son système primitif, lorsqu'il classe les obligations quasi délictuelles en deux groupes : celles dans lesquelles on est poursuivi personnellement, soit pour un dommage déjà causé, ce qui arrive dans le cas du juge qui statue mal par imprudence, soit pour un dommage simplement menaçant, comme dans l'hypothèse des *posita et suspensa,* et des deux autres quasi-délits dans lesquels on est tenu à raison du fait d'autrui.

(1) Lorry, *Institutionum expositio methodica,* 1 vol., Paris, 1757, ib. IV, tit. 2.

(2) *Op. cit.,* lib. IV, tit. 1 et 3.

le médecin tenu des peines édictées par la loi Aquilia ; et pourquoi surtout il éprouve le besoin de motiver cette différence de traitement par le caractère obligatoire chez l'un et volontaire chez l'autre de la fonction (1).

Pour être logique avec sa première proposition, Lorry aurait dû nous dire qu'il y a dans ces deux actes, du médecin comme du juge, la source d'un quasi-délit de la loi Aquilia, puisque dans les deux cas il y a faute exclusive de dol.

Cl.-J. Ferrière déclare, à propos du quasi-délit, qu'il est « le dommage que l'on a causé à quelqu'un par sa faute, sans avoir eu la volonté de lui en faire ; en quoi le quasi-délit diffère du délit qui est toujours accompagné de dol et de mauvais dessein de nuire » (2).

En outre, d'après lui, « quand le dommage est fait par dol, c'est un véritable délit, et quand il n'est fait que par négligence ou par impéritie, ce n'est qu'un quasi-délit ». La loi Aquilia réprime l'un et l'autre (3).

Citons enfin, comme se rattachant au même courant d'opinion, Heineccius, bien qu'à l'exemple de Perezius et de Vinnius, il ait subi l'influence de l'école du droit naturel (4).

Heineccius divise les obligations en obligations immédiates naissant de l'équité naturelle, et médiates de quelque fait obligatoire. Ce fait peut être soit licite et il engendre une convention, soit illicite et il provoque un délit (5), lequel est susceptible de se diviser à son tour en *verum*

------

(1) *Op. cit.*, lib. III, tit. 5.

(2) Cl.-J. Ferrière, *Nouvelle introduction à la pratique*, 2 vol., Paris, 1737, t. II, v° *Quasi-délit; les Institutes de l'empereur Justinien*, 1773, 7 vol., Commentaire du lib. IV, tit. 1, p. 285 ; lib. IV, tit. 3, p. 305 ; lib. IV, tit. 5, p. 360 sq.

(3) Inst., lib. IV, tit. 3, § 2, p. 305.

(4) *Supra*, p. 151 et 160-161.

(5) Heineccius, *Recitationes in elementa juris secundum ordinem Insti-*

delictum s'incarnant dans le dol et en *quasi delictum* caractérisé par la *culpa* (1).

Les développements qu'Heineccius consacre à l'analyse de la notion de quasi-délit dans ses *Recitationes* sont particulièrement intéressants (2).

Il définit les quasi-délits : *Facta illicita, sola culpa, sine dolo malo admissa* (3), et critique les auteurs qui se contentent de dire de cette source d'obligation que *nec ex contractu, nec ex quasi contractu, nec ex delicto nascatur*, car, ajoute Heineccius : *Ii dicunt, quid res non sit, non quid res sit; quod tamen est bonae definitionis officium.*

On ne peut dire, comme le fait Struvius, pense-t-il, que le quasi-délit naît d'une faute qui, bien qu'elle nous soit étrangère, nous est imputée, car la faute du juge lui est bien personnelle; et si ce critère, objecte-t-on, est applicable au quasi délit *de effusis et dejectis*, il faut bien remarquer cependant qu'en réalité on n'attribue pas au maître une faute commise par son esclave, mais on le considère comme personnellement responsable de ne pas employer des gens plus capables.

Étudiant l'idée de *culpa* dans le quasi-délit, l'auteur ne manque pas d'être frappé de retrouver ici un élément qui caractérisait déjà le délit de la loi Aquilia et il conclut :

---

tutionum, édit. Dupin, 2 vol., Paris, 1810, lib. III, tit. 14, § 771, p. 180-184; *Elementa juris secundum ordinem Institutionum,* lib. III, tit. 14, § 772, p. 354.

(1) Heineccius, *Elementa sec. Inst.,* lib. IV, tit. 1, § 1033-1034, p. 462; lib. IV, tit. 5, § 1112, p. 494, § 1034 : *Est porro delictum vel verum vel quasi delictum. Illud ex dolo malo, hoc ex culpa sine dolo admittitur. Antiquitatum romanarum jurisprudentiae Illustrantium Syntagma,* 2 vol., 1741, lib. IV, tit. 14, p. 69; lib. IV, tit. 5, p. 203; *Recitationes,* lib. IV, tit. 1, p. 306.

(2) *Recitationes,* lib. IV, tit. 5, p. 329 sq.

(3) *Sic* Colombet, *supra,* p. 150.

> Quamvis enim damnum injuria datum tam ex
> culpa, quam ex dolo nascatur § Inst. de L. Aquil. a
> potiore tamen jurisconsulti id delictum quam quasi
> delictum, appellare maluerunt.

C'est donc pour lui une simple raison de préférence qui a amené les jurisconsultes à faire rentrer le *damnum injuria datum* dans la catégorie du délit plutôt que dans celle du quasi-délit.

Mais Heineccius ne fait là que constater un fait sans expliquer les raisons de cette préférence (1).

Puis il ajoute cette remarque qui mérite d'être soulignée :

> Legem Aquiliam non solum ad vera delicta sed
> et ad damna quasi ex delicto data, quamvis facta a
> potiore denominatione ea lex verum delictum vindi-
> casse dicatur.

Pour Heineccius donc, la loi Aquilia sanctionnerait à la fois le délit et le quasi-délit, bien qu'on n'y voit en général que la sanction du délit (2).

Il invoque, pour fortifier cette opinion, celle de Bynkershoeck, suivant lequel la loi Aquilia aurait pu également servir de sanction au fait réprimé par l'action *de effusis et dejectis* (3), et il fait aussi valoir que le cas du barbier rasant un esclave sur la voie publique, qui, frappé par une balle, blesse à son tour son client, comme de celui qui ne peut retenir ses chevaux en raison de sa faiblesse, auraient pu

---

(1) *Elementa sec. Inst.,* lib. IV, tit. 1, p. 462, § 1033. Il cite notamment à l'appui de son affirmation, *Tabor. Paratit. elem.,* p. 252-253.

(2) *Eod. tit.,* § 1080.

(3) *Antiquitatum Syntagma,* lib. IV, tit. 3, p. 188, § 9; où l'auteur cite en note Bynkershoeck, *Obs.,* 1-13; également lib. IV, tit. 5, p. 206, § 4.

constituer aussi bien des quasi-délits que des délits, mais que l'on en a fait de préférence des délits (1).

On voit donc, chez tous les auteurs de cette période, combien la notion de quasi-délit tend à s'affaiblir en face et au profit du délit de la loi Aquilia dont le domaine s'étend sans cesse.

Les différentes explications proposées pour justifier son prétendu caractère de source d'obligation autonome ne reposent sur aucun critérium susceptible de résister à un examen sérieux, et on est obligé de conclure que le quasi-délit n'est qu'une variante sans grand intérêt du délit de la loi Aquilia dans lequel il s'absorbe, puisqu'il comporte à la fois les deux éléments requis à sa formation : le préjudice et la *culpa*.

C'est qu'en effet, quelles que soient les conceptions adoptées par les Humanistes sur les rapports du délit Aquilien et du quasi-délit, tous sont d'accord pour admettre et confirmer ce que disaient les Bartolistes : qu'il y a quasi-délit lorsqu'il y a simple *culpa*.

Est-ce à dire que pour eux il y a quasi-délit dans tous les de *culpa?* En d'autres termes, quel est pour les Humanistes le contenu de la notion de quasi-délit.

C'est ce qui nous reste à voir maintenant.

SECTION II

Le contenu de la notion.

33. — Il ne paraît pas exagéré d'affirmer que le contenu de la notion de quasi-délit est resté chez les Humanistes ce

---

(1) *Recitationes,* lib. III, tit. 1, p. 306. Heineccius renvoie à Thomasius Schol. et Nov. Addit. ad B. Huberi. Praelect. Inst., IV, 3, § 3 ; également *Recitationes,* lib. IV, tit. 3, p. 319-320.

qu'il était chez ceux qui les ont précédés, c'est-à-dire à peu près immobile.

Nombreux sont les auteurs qui énumèrent les quatre quasi-délits traditionnels, sans supposer un instant qu'il puisse en exister d'autres (1).

Chez certains d'entre eux cependant des doutes s'élèvent; il est, par exemple, intéressant de noter que Giphanius (2) se demande combien il y a de quasi-délits sans pouvoir d'ailleurs apporter de solution à la question qui le préoccupe.

Nous constatons également que quelques auteurs ne paraissent voir dans les quatre hypothèses de quasi-délit qu'ils décrivent que des *exempla*, comme ils le disent eux-mêmes.

Cela laisse donc supposer qu'à leur avis il y a d'autres quasi-délits; malheureusement ils ne nous disent pas lesquels ils sont, ni même, ainsi que nous avons pu nous en rendre compte dans la précédente section, quel est le critérium qui permet de les reconnaître sûrement (3).

Seul Heineccius allonge la liste des quasi-délits de deux hypothèses nouvelles, car après avoir traité des quatre quasi-délits ordinaires, il ajoute :

> Sunt et alia quasi delicta, hic commissa, veluti V, misericordia intempestiva qua alteri nocitum L. 7. Pr. D. VI, conniventia, qua quis patitur delictum fieri,

---

(1) Notamment : Schneidewinus, *op. cit.*, p. 459, avec son tableau des sources des obligations; Pacius, *op. cit.*, lib. IV, tit. 5, p. 356; Colombet, *op. cit.*, lib. IV, tit. 5, p. 142; Hotman, t. II, Inst., IV, 5, p. 771; Lorry, *op. cit.*, lib. IV, tit. 5; J. Voet, t. III, D., XLIV, 7, § 6, p. 885.

(2) Giphanius, *op. cit.*, lib. IV, 5, p. 464.

(3) Corvinus, *op. cit.*, Inst., IV, 5, p. 443-444; Cujas, t. I, Inst., IV, 5, 1, § *quasi ex delicto;* t. VIII, p. 331, D., XLIV, 7, 5, 4; Doneau, t. IV, lib. XV, cap. XLVIII, § 3. Nous savons que cet auteur élimine le cas du

quod et poterat et debebat prohibere L. 45 pr. ad l.
Aquil. Ex quibus itidem actio in factum concedi posse
videtur (1).

Il y a donc pour Heineccius un quasi-délit dans l'acte
commis par *misericordia intempestiva* ou par *conniventia*, et
il cite comme exemple de *misericordia* l'acte de celui qui
détache l'esclave d'autrui pour lui permettre de s'enfuir, du
geôlier qui laisse partir un prisonnier, du juge qui souffre
qu'un condamné s'évade.

Que sont ces nouveaux cas de quasi-délits énumérés par
Heineccius sinon les délits que les jurisconsultes romains
sanctionnaient par une action *in factum* de la loi Aquilia, le
dommage n'ayant été causé ni *corpore*, ni *corpori* (2)?

On ne voit pas, d'ailleurs, bien pourquoi Heineccius fait
de ces actes des quasi-délits plutôt que des délits et il ne se
donne pas la peine de nous l'expliquer. Peut-être aurait-il
été embarrassé pour le faire.

Mais comme chez lui la ligne de démarcation entre le
délit et le quasi-délit paraît être abandonnée à la préférence
des auteurs, la discrimination de leur contenu respectif ne
saurait évidemment avoir qu'une portée relative.

Rappelons aussi qu'Hotman classe parmi les quasi-délits
l'acte du médecin négligent (3) et qu'en sens inverse, Doneau

---

jùge qui fait le procès sien du nombre des quasi-délits; Vinnius,
Inst., IV, 5, p. 1243 sq.; Cl.-J. Ferrière, *Nouvelle introduction à la pratique*, v° *Quasi-délit* : les Institutes de l'empereur Justinien, lib. IV, tit. 5
p. 360 sq.

(1) Heineccius, *Elementa juris sec. Inst.*, lib. IV, tit. 5, § 1123; également : *Recitationes*, lib. IV, tit. 5, p. 330-334 et 335.

(2) Inst., IV, 3, *De lege Aquilia*, § 16, *in fine*, notamment pour le cas
de *misericordia*.

(3) *Supra*, p. 156.

exclut de ce groupe le cas du juge coupable d'avoir rendu par simple faute une mauvaise sentence (1).

Ainsi donc et en dépit de quelques efforts isolés, les Humanistes n'ont pu ou n'ont su élargir le contenu de la notion de quasi-délit. Eux aussi sont demeurés prisonniers des textes ; ils n'ont pas su s'en affranchir pour remonter aux principes mêmes de la responsabilité délictuelle, et ces textes les ont empêchés d'affirmer l'inutilité de la notion de quasi-délit.

Trop respectueux des classifications du droit romain pour trouver l'énergie de les rejeter, ils ont voulu conserver la notion de quasi-délit, avec le contenu que lui avaient assigné les compilateurs, au mépris même de la logique.

34. — Se sont-ils montrés plus originaux dans leur examen de ces différents quasi-délits envisagés séparément?

Pas davantage, semble-t-il.

On retrouve chez eux, à propos du cas du juge qui fait le procès sien, la distinction traditionnelle faite par leurs devanciers entre le dol qui emporte condamnation à la *vera litis aestimatio* et la *culpa* pour laquelle la peine est laissée à l'*arbitrium* du juge, le premier rentrant dans la catégorie du délit et la seconde relevant de celle du quasi-délit (2).

---

(1) *Supra*, p. 158.

(2) Duarenus, *op. cit.*, t. I, lib. V, *De judiciis*, cap. vii, *De variis judi ciorum praeceptis*; Schneidewinus, *Inst.*, IV, 5, p. 1088, nos 2-3-5; p. 1090, n° 16; IV, 6, p. 1579-1580, n° 3; Balduinus, lib. IV, 5, p. 630; 632; Giphanius, lib. IV, 5, p. 464; Pacius, *Inst.*, IV, 5, p. 358; Perezius, *Inst.*, III, 14, 4, p. 285-286; IV, 5, p. 356; Code, IV, 10, 3; Corvinus, lib. IV, tit. 5, p. 442-443; Colombet, *Inst.*, IV, 5, p. 142; Zazius, t. II, tit. *Quod quisque juris*, p. 188; Cujas, t. I, Inst., IV, 5, § 3; t. II, C., VII, 49; t. VI, D., V, 1, 15, 1 ; t. VIII, Inst., IV, 5, p. 1093-1094; t. IX, C., VII, 49; Hotman, t. II, Inst., IV, 5, p. 771-773; Doneau, t. IV, lib. XV, cap. xxv, § 9, p. 240 sq. ; t. VI, lib. XXVIII, cap. ii, p. 394. Il fait seule-

D'ailleurs, ces sanctions de la responsabilité du jugé imprudent paraissent tomber en désuétude au xvi° et au xvii° siècles.

C'est ainsi que Cujas, tout en reconnaissant que l'action contre le juge *qui litem suam facit* existe encore à son époque, refuse à la partie lésée le droit de la mettre en mouvement si elle a précédemment fait appel du jugement qui lui préjudicie.

A son avis, elle a une option entre cette action et l'appel ; mais une fois son choix fait, elle ne peut y revenir (1).

Comme Cujas, Heineccius proclame lui aussi l'existence de l'action contre le juge coupable d'imprudence, action dont il dit : *Doctores illam novo nomine vocant actionem ex syndicatu* (2).

Mais Vinnius affirme, par contre, que le juge ne peut plus être recherché pour une simple imprudence, une faute semblable étant d'une estimation trop délicate et trop susceptible d'arbitraire.

C'est aussi à cette opinion que se range J. Voet, et tous deux ne reconnaissent qu'un remède à une sentence rendue dans ces conditions : recourir à l'appel (3).

Les auteurs ne tombent donc pas d'accord sur la disparition de l'action contre le juge ; mais ce désaccord prouve à lui seul que cette disparition est en voie de réalisation.

---

ment la distinction entre le dol et l'*imprudentia* au point de vue de la peine, puisqu'il y a pour lui, dans les deux cas, un délit ; Vinnius, *Inst.*, IV, 5, p. 1244 ; A. Fabrot, *Notes sur la Paraphrase des Instilutes de Théophile*, lib. IV, tit. 5, p. 708 ; Heineccius, *Elementa juris sec.*, Inst., IV, 5, § 1613 ; *Antiquitatum Syntagma,* lib. IV, tit. 5, p. 203 sq. ; *Recitationes*, lib. IV, tit. 5, p. 531 ; Lorry, *Inst.*, IV, 5.

(1) Cujas, t. VIII, p. 331.

(2) Heineccius, *loc. cit.*

(3) Vinnius, *Inst.*, IV, 5, p. 1244 ; Perezius, *Praelectiones,* t. I, C., VII, 49, § 5, p. 639 ; J. Voet, t. I, D., V, 1, 15, 1.

Il ne restera sans doute bientôt plus que l'action donnée contre le juge qui s'est rendu coupable de dol ou de concussion, action qui est à l'origine de notre « prise à partie » moderne, comme nous le confirme Ferrière après Accurse (1).

On voit ainsi que c'est l'hypothèse type de quasi-délit, celle à laquelle correspond et s'applique le mieux le concept d'*imprudentia*, sur lequel repose toute la notion et qui a servi à l'élaborer, qui tend à disparaître la première.

Les autres quasi-délits sont traités par les Humanistes avec moins de développements encore.

Tous y voient la sanction de la responsabilité du fait d'autrui reposant sur une négligence de choix ou de surveillance et ne font guère que répéter ce qu'ils ont trouvé chez les maîtres des écoles antérieures et dans les Institutes (2).

En ce qui concerne les actions qui sanctionnent ces différentes obligations quasi délictuelles, les auteurs sont unanimes à nous dire qu'elles sont *in factum*, bien que la distinction de ces actions et des actions *in jus* ait perdu son intérêt à leur époque.

Ils leur attribuent un caractère mixte, à la fois réipersécutoire et pénal, caractère qu'ils mettent particulièrement en relief au sujet de nos trois derniers quasi-délits.

Ils ajoutent que l'action *de effusis et dejectis* se différencie de l'action de la loi Aquilia, parce qu'elle croit au double sans *inficiatio*, ni *culpae mentio*, la sécurité publique étant en cause, et qu'en outre le paiement effectué par l'un des coauteurs responsables libère les autres (3).

---

(1) Ferrière, *op. cit.*, p. 360 sq.

(2) Perezius, *Inst.*, IV, 5, p. 403; Pacius, *Inst.*, IV, 5, p. 357, § 1; Cl.-J. Ferrière, *Nouvelle introduction à la pratique*, t. II, v° *Quasi-délit*.

(3) Wesembeicius, D., IX, 4, p. 112; Cujas, t. V, *in lib.* XXII, *Pauli ad Edictum*, lib. IV et VI, *De his qui effuderunt vel dejecerunt;* A. Fabre, D., IX, 3, p. 232 sq.

Malheureusement, nous avons vu que la question reste entière, car ils oublient de dire à quelle différence de nature de l'acte lui-même il faut attribuer cette différence de sanction, et si l'idée de sécurité publique pouvait à la rigueur être considérée comme une explication, on ne pourrait cependant en faire application au quasi-délit du juge; dans ce cas, en effet, la peine, au lieu d'être aggravée, est atténuée.

Notons enfin, en terminant, à propos de l'action donnée contre les aubergistes, patrons de navire et maîtres d'écurie, que les auteurs opposent cette action quasi délictuelle à l'action donnée lorsqu'il y a eu *receptum* et dans laquelle ils voient la sanction d'un cas d'obligation quasi contractuelle, celle-ci étant réipersécutoire et au simple, celle-là mixte, mais toutes deux honoraires (1).

D'ailleurs, à la fin de cette période, toutes les actions pénales à un *quantum* déterminé ou à un multiple tombent en désuétude et sont remplacées par une action tendant simplement à la réparation du préjudice causé (2).

C'est là une manifestation de l'évolution de la loi Aquilia qui, en même temps qu'elle s'élargit, épuise son caractère pénal pour devenir simplement réipersécutoire.

Que devons-nous conclure de cette analyse de la notion de quasi-délit chez les Humanistes, sinon que s'ils n'avaient pas été arrêtés par le respect qu'ils ont toujours professé à l'égard des textes de la compilation, ils auraient proclamé

------

(1) A. Fabre, t. III, D., IV, 9, p. 735 sq., § 1, 1 et 7; J. Voet, t. I, lib. IV, tit. 9. Ce n'est pas, d'ailleurs, aux Humanistes et à Heineccius en particulier qu'il faut attribuer la paternité du quasi-contrat ni du *receptum*, comme l'a cru M. Vizioz, *op. cit.*, p. 148. Ce quasi-contrat existait déjà, comme nous l'avons vu p. 138, n. 1, chez Bartole.

(2) J. Voet, t. II, lib. IX, tit. 3, p. 552 sq., §§ 3 et 4.

ouvertement l'inexistence d'une notion que beaucoup d'entre eux ont implicitement désavouée.

Les auteurs nous affirment d'une manière définitive que la *culpa*, autrement dit la faute non intentionnelle, caractérise le quasi-délit comme le dol s'identifie au délit.

Mais cette formule est morte avant d'avoir vécu.

C'est qu'en effet, les auteurs ne parviennent pas à justifier le sens qu'ils donnent à cette notion en présence du délit de la loi Aquilia.

Ils tentent bien, il est vrai, d'invoquer quelques raisons, mais ces raisons sont mauvaises autant qu'insuffisantes, et lorsque certains viennent nous dire, pensant avoir trouvé une solution élégante à un problème insoluble, que la loi Aquilia sanctionne à la fois le délit et le quasi-délit, ils ne font que s'avouer vaincus, car ils reconnaissent par là même que l'idée de quasi-délit s'absorbe dans celle de délit, la loi Aquilia, à laquelle ils attribuent une portée extrêmement large, étant par excellence la sanction du délit.

Seul Doneau a vu juste lorsqu'il a déclaré que du moment où il y a dommage causé par une faute intentionnelle où non, il y a délit ; il est à regretter seulement que cette affirmation ne l'ait pas amené à nier l'existence du quasi-délit.

D'autre part, le contenu même que les Humanistes attribuent au quasi-délit condamne la notion. Ce contenu demeure immobile ; il est toujours constitué des mêmes éléments un peu disparates, dont le premier seul paraît nettement répondre à l'idée d'imprudence.

Son étroitesse ne permet pas de supposer qu'il y ait eu pour les Humanistes une véritable notion de quasi-délit s'étendant à tous les cas de faute non intentionnelle, exclusive de dol.

CHAPITRE V

L'École du droit naturel.

———

35. — Nous commettrions une grave lacune si nous omettions de parler ici de cette école qui a été directement inspirée des auteurs du xvi° siècle et dont les conceptions vigoureuses et nouvelles, dans l'ordre philosophique et théologique notamment, ont eu un retentissement profond sur l'élaboration de notre droit (1).

Malheureusement, les jurisconsultes appartenant à cette tendance ne paraissent avoir porté qu'un faible intérêt à l'étude du quasi-délit et leurs travaux sur ce point révèlent trop visiblement l'empreinte des Humanistes pour mériter qu'on s'attarde à les analyser.

Si certains auteurs mentionnent le quasi-délit comme le délit parmi les sources d'obligation (2), plus nombreux sont

———

(1) Vizioz, *L'École du droit naturel et le quasi-contrat. Revue critique de législation et de jurisprudence*, 1913; Vaimberg, *L'École historique en Allemagne, Revue pratique de droit*, 1869.

(2) Gratius, *Le droit de la guerre et de la paix*, trad. par Barbeyrac (2 vol., Amsterdam, 1729), t. I, lib. II, ch. ɪ, § 1, n° 5, note 8, p. 247; Thomasius, *Notae ad singulos Institutionum et Pandectarum titulos* (1 vol., Halle-Magdebourg, 1713), lib. III, tit. 14, p. 210. Dans ce texte, Thomasius cite le quasi-délit sans faire allusion, par contre, au quasi-contrat; Wolf, *Jus naturae methodo scientifica pertractum* (8 vol., Halle-Magdebourg, 1740-1748), pars VIII, cap. ɪɪɪ, *De Rep. constituenda*, § 580, p. 433; Sam. de Cocceji, *Systema novum justitiae naturalis et romanae* (1 vol., Halle, sans date), lib. V, cap. ɪ, §§ 337 à 343.

ceux qui le passent sous silence (1) et qui souvent, d'ailleurs, ne traitent pas le délit avec plus d'égard.

Mais ce que tous mettent en relief, c'est le principe à la fois moral et religieux que l'on ne doit pas nuire à autrui, et l'acte illicite par excellence est pour eux celui qui est sanctionné par la loi Aquilia : il se produit soit par dol, soit par faute, sans que les auteurs croient utile de dire que dans le premier cas, il y a délit, et dans le second, quasi-délit (2) seulement.

Ceux qui cependant sont demeurés fidèles au maintien du quasi-délit à côté du délit, vont-ils arriver, mieux que les Humanistes, à justifier son existence ou à l'écarter définitivement comme un concept inutile et gênant?

Personne ne conteste plus que le quasi-délit naisse d'une simple faute et se distingue ainsi du délit qui suppose l'existence d'un dol.

Mais certains auteurs se contentent de cette affirmation, sans nous apporter d'autres explications sur la matière.

C'est ainsi que Wolf, qui a consacré dans son tome V d'abondants développements au quasi-contrat, se contente uniquement de nous dire à propos du quasi-délit :

---

(1) Puffendord, *De officio Hominis et civis secundum legem naturalem* (1 vol., Utrecht, 1740, avec notes d'Everard Otton), lib. I, cap. vi, § 9, p. 173 ; Titius, *Observationes ad Sam. Puffendorfi de officio hominis et civis* (Utrecht, 1740) ; Puffendorf, *Le droit de la nature et des gens*, trad. par Barbeyrac (2 vol., Amsterdam, 1734), t. I, liv. III, ch. i, p. 345 ; Schilter, *Praxis in foro Germanico juxta ordinem edicti perpetui et Pandectarum* (1 vol., Francfort-sur-Mein, 1733) ; Vultejus, *In Institutiones juris civilis commentarius*, 4e édit. (1 vol., Marbourg, 1613), lib. III, tit. 14, no 22 ; Burlamaqui, *Éléments du droit naturel* (1 vol., 1820) ; Vattel, *Questions de droit naturel et observations sur le Traité du droit de la nature de M. le baron de Wolf* (1 vol., Berne, 1762) ; Reinh-Vitrarius, *Institutiones juris naturae et gentium* (1 vol., Leyde, 1719).
(2) V. note précédente.

Factum *dolosum*, quo alteri damnum datur, vel
injuria infertur, Maleficium dicitur : Quasi Maleficium
vero vocatur factum istius modo *culposum* (1).

D'autres, cependant, s'attardent à l'étude du quasi-délit
comme Vultejus, Thomasius et Cocceji, mais tous trois se
contentent de rassembler, en les résumant, les idées des
Humanistes, même Cocceji, si original cependant par certaines de ses théories.

Vultejus remarque que l'expression de quasi-délit, pas
davantage d'ailleurs que celle de quasi-contrat, ne figure
dans les textes de la compilation ; elle n'est pas romaine.

Il y a, dit il, quasi-délit ou délit impropre, comme il y a
quasi-contrat ou contrat impropre, l'un se caractérisant par
l'absence de dol, l'autre par l'absence de consentement
exprès.

Et pour expliquer comment cette seconde source d'actes
illicites, qu'il n'étudie d'ailleurs qu'au sujet du « juge qui fait
le procès sien », a une existence indépendante du délit, il
nous accable de toutes les mauvaises raisons que nous avaient
fait valoir les Humanistes, et notamment Cujas, c'est-à-dire
en invoquant que le dommage n'est causé ni *corpori*, ni
corpore, qu'il est réparé par une action *in factum* et que le
juge ne peut se soustraire à l'obligation dans laquelle il se
trouve de rendre une sentence (2).

On le voit, il n'y a là qu'un mélange, sans originalité,
comme sans intelligence, des conceptions des Humanistes.

Thomasius se demande : *An actione legis Aquiliae com-*

---

(1) Wolf, *op. cit.*, pars. VIII, cap. III, *De Rep. constituenda*, § 580, p. 433.
(2) Vultejus, *In Institutiones juris civilis commentarius*, 4ᵉ édit., 1613
(Marbourg, 1 vol.), lib. IV, tit. 5, p. 604 à 606. *Supra*, p. 153 et 161.

prehendantur quasi-delicta et il opte pour l'affirmative, comme le faisaient avant lui Ferrière et Lorry (1) et après lui Heineccius, lorsqu'il écrit :

> Actionem legis Aquiliae non solum pertinere ad verum delictum, sed et comprehendere sub ambitu suo quasi-delictum.

C'est donc encore ici le principe général de la faute aquilienne qui reparaît, celle-ci pouvant être simple et donner naissance à un quasi-délit, ou intentionnelle et provoquer un délit (2).

Cocceji aurait eu des idées plus nouvelles s'il n'avait pas été arrêté dans son élan, comme Doneau duquel il paraît s'inspirer (3), par l'étreinte des textes.

Il débute dans son étude sur le quasi-délit par une déclaration d'une portée très générale :

> Ad obligationes, quae ex variis causarum figuris oriuntur, quoque pertinent quasi-delicta : quoties quis sua culpa adeoque facto suo illicito causam dat damno, quod mihi infertur. Si quis enim jus, a Creatore mihi concessum, absque proposito et dolo, culpa tamen sua laedit, eoque damnum mihi infert, vel alio modo jus meum violat, ac minuit, vera haec injuria est, quiae laedens poterat et debebat providere, jus meum facto tali laedi posse. Atque ex hac injuria obligatur, ut reparet injuriam, eoque jus suum cuique tribuat.

Notons ici la généralité de l'expression *quoties ;* il résulte

---

(1) *Supra,* p. 163 à 167.
(2) Thomasius, *op. cit.,* lib. IV, tit. 3, p. 249 ; lib. IV, tit. 5, p. 253.
(3) *Supra,* p. 157 sq.

de ce terme que pour Cocceji, dans tous les cas de faute exclusive de dol, il y a quasi-délit; une telle déclaration mérite d'être relevée, car nous n'en avons jamais rencontré de semblable; malheureusement, l'auteur s'abstient de dire comment il est arrivé à cette formule générale (1).

En venant à son tour à examiner les rapports du délit et du quasi-délit, il fait observer très justement :

> Eandem rationem obligationis esse in quasi-delictis, quae in delictis veris. Ex utriusque enim ideo obligatur is qui delinquit, quia jus alterius laesit. Adeoque ex culpa quoque oritur obligatio (2).

Après une pareille affirmation, on s'attendrait à ce que Cocceji proclame l'inanité de la notion de quasi-délit et ramène au délit, ou plus généralement à la faute Aquilienne, toute la théorie des actes illicites.

A notre étonnement cependant, il n'en fait rien et maintient cette seconde source d'obligation à côté du délit, prétextant qu'elle s'en sépare parce que le dommage n'est causé ni *corpore* ni *corpori,* comme dans le cas du « juge qui fait le procès sien », et résulte le plus souvent d'une faute d'élection.

Ainsi Cocceji, après avoir ressenti toute l'inutilité d'une pareille notion, retombe, sous l'empire des textes, dans les errements de ses devanciers.

Seuls Grotius et Beckman, dont on retrouve l'influence chez Perezius (3), font appel à une idée nouvelle dans leur

---

(1) *Op. cit.,* lib. IV, cap. i, sectio II, § 343; lib. V, cap. v, § 547.

(2) *Op. cit.,* lib. V, cap. vii, sectio II, § 579 à 584. C'est ce que disait aussi Doneau, *supra,* p. 158.

(3) *Supra,* p. 151.

analyse du quasi-délit : c'est l'idée de fiction et de faute présumée.

« Les jurisconsultes romains entendaient par là, dit Grotius, certaines fautes en conséquence desquelles on doit un dédommagement, quoiqu'on n'ait point agi de mauvaise foi, ou que même l'action ait été commise par quelque autre personne, sans qu'on y eût en rien contribué soi-même. Tout cela s'appelait *quasi-maleficium* ou *quasi-delictum*, parce qu'il y avait une espèce de fiction, en vertu de laquelle on était censé coupable quoiqu'on ne le fût point effectivement. » (1).

Malheureusement, Grotius limite là tous ses développements sur le quasi-délit, et Beckman, qui invoque l'idée de présomption de faute, qui n'est peut-être là que la contre-partie de celle de présomption de consentement en matière de quasi-contrat, n'exploite pas lui non plus cette idée.

Il se contente de déclarer que les *nautae, caupones, stabularii* sont tenus des fautes de leurs préposés, l'habitant des *effusa et dejecta*, parce que tous sont présumés en faute de n'avoir pas exercé une vigilance suffisante sur ceux dont ils doivent répondre (2).

Telles sont les conceptions des principaux représentants de l'École du droit naturel sur le quasi-délit.

On voit que la notion les a assez peu préoccupés ; ils se sont contentés d'adopter en général sans commentaires les

____

(1) Grotius, *op. cit.*, t. I, lib. II, ch. I, § 1, n° 5, note 8, p. 247.

(2) Beckman, *Medulla Justinianea* (1 vol., Paris, 1666), D., IX, 3, th. 3 : *Ex quasi delicto, praesumptio enim delicti adversus inhabitatorem est, culpaque penes eum residet, quod non meliorem curam familiarum habuerit ;* D., XLIV, 9, th. 6 : *Si etiam habitator nomine suae familiae, sic quid dejectum fuerit, vel effusum tenetur ob praesumptam culpam.* — On trouve déjà cette idée de fiction mise en avant par Perezius, *supra*, p. 151.

doctrines des Humanistes, et si certains ont senti la faiblesse de cette notion, ils n'ont pas su l'expliquer et l'ont maintenue par respect des textes ; si d'autres ont fait intervenir pour la justifier l'idée de fiction, de faute présumée, ils ne se sont pas attardés à la développer.

Alors qu'ils ont fourni une contribution fort intéressante à l'étude du quasi-contrat, leurs travaux sur le quasi-délit sont peu avancés.

36. — On conçoit que, dans ces conditions, ils ne nous apprennent rien de nouveau non plus relativement au contenu du quasi-délit, car ce contenu dépend étroitement de son fondement.

C'est ainsi que tous les auteurs, à l'exception de Cocceji, n'énumèrent que les quatre quasi-délits du droit romain.

Ils signalent comme les Humanistes (1) que l'action quasi délictuelle contre le juge *qui litem suam facit* par imprudence a disparu, ou s'ils prétendent qu'elle existe encore, ils donnent une option entre cette action et la voie de l'appel (2).

Les actions *de effusis et dejectis, de positis et suspensis* sont maintenues, mais elles ne donnent plus lieu qu'à l'application de peines arbitraires au simple, comme l'action de la loi Aquilia dont elles ne se distinguent plus par conséquent ; il n'y a plus intérêt, dans ces conditions, à faire de ces actions une catégorie à part (3).

______

(1) *Supra*, p. 171.

(2) Thomasius, *op. cit., Inst.,* IV, 5, p. 253 ; Vultejus, *op. cit., Inst.,* IV, 5, p. 604 à 606 ; Beckman, D., L, 13, 6.

(3) Schilter, qui ne voit pas dans les actions *de effusis et dejectis, de positis et suspensis* des actions quasi délictuelles, en fait la sanction d'une variété de *damnum injuria datum.* A son avis, ce sont là des dérivés de la loi Aquilia dont la peine est plus forte parce qu'il y va de

Si on oppose toujours l'action quasi contractuelle ou simple à l'action quasi délictuelle ou double donnée contre les *nautae, caupones, stabularii*, certains auteurs nous disent que cette dernière action elle-même n'est plus appliquée de leur temps (1).

Signalons cependant, en terminant, que Cocceji maintient, lui, nettement les différents quasi-délits et qu'il en ajoute même trois autres reposant sur l'idée que nous venons d'exprimer (2) : qu'il n'y a pas dommage causé *corpori* et *corpore*, mais résultant généralement d'une faute de choix. _

A son avis, il y a donc quasi-délit pour le Publicain dont les gens commettent des exactions et dans les cas d'actes illicites que le droit romain sanctionnait par les actions *de pastu* et *de pauperie* (3).

Donc, à l'exception de Cocceji, si les théoriciens de l'école du droit naturel maintiennent en principe les différents quasi-délits, ils constatent en fait leur disparition, certains n'existant réellement plus à leur époque, et les autres s'absorbant dans le délit de la loi Aquilia.

---

l'intérêt public. D., IX, 2, §§ 77 à 80. — V. aussi Thomasius, *Inst.*, IV, 5, p. 253 ; D., IX, 3, p. 134, qui explique le maintien de l'action *de effusis* parce qu'elle dispense d'établir la faute de l'habitant, alors que la loi Aquilia exige cette preuve. Cpr. ce que nous disions *supra*, p. 129, n. 3, à propos des théories d'Azon.

(1) Schilter, D., IV, 9, p. 253-255 ; Vultejus, *Inst.*, IV, 5, p. 604-606 ; Beckman, *op. cit.*, D., IV, 9 ; sur la disparition de l'action, Thomasius, *Inst.*, IV, 5. p. 253.

(2) Cocceji, *Systema*, §§ 582 à 584.

(3) *Loc. cit.*

CHAPITRE VI

Domat.

———

37. — Nous ne pouvons omettre de mentionner Domat parmi les jurisconsultes qui ont contribué à l'élaboration et à l'évolution de la notion de quasi-délit dans notre ancien droit, car son œuvre, sur ce point comme sur tant d'autres, a directement influencé le travail de la codification. Mais comme ce juriste, par ses théories aussi générales qu'originales, ne saurait se rattacher à ses devanciers pas plus qu'à ses successeurs, nous avons cru bon de lui consacrer un chapitre spécial.

On sait déjà, par ce qu'en a dit M. Vizioz (1), que tout le traité des *Lois civiles dans leur ordre naturel* est construit sur un plan raisonné reposant sur deux principes à la fois religieux et moraux, dont Domat fait découler des notions particulières.

De l'avis de Domat, en effet, deux lois gouvernent les rapports humains : la première, qui trouve son application entre Dieu et les hommes, c'est l'amour du souverain bien ou de Dieu même ; la seconde, qui intéresse la vie en société, c'est l'amour des hommes entre eux (2).

____

(1) Vizioz, *op. cit.*, p. 192 sq. ; sur Domat : Tardif, *Sources*, p. 494.

(2) Domat, *Les lois civiles dans leur ordre naturel* (nouvelle édition par M. de Héricourt, Paris, 1777). *Traité des lois,* §§ 6 et 7.

Les lois elles-mêmes donnent naissance à deux sortes d'engagements : les uns qui se forment volontairement, soit par engagement mutuel, soit par la volonté d'un seul (1); les autres qui sont involontaires; mais tous sont régis par un certain nombre de principes (2) parmi lesquels se trouve énumérée l'obligation de ne faire tort à personne et de rendre à chacun ce qui lui appartient (3).

Après avoir parlé des engagements volontaires et mutuels qui se forment par conventions (4), Domat consacre un second livre aux engagements qui se forment sans convention, parmi lesquels il traite « des dommages causés par des fautes qui ne vont pas à un crime ni à un délit » (5) et « qui n'ont point de rapport aux conventions, comme si, par légèreté, on jette quelque chose par une fenêtre qui gâte un habit; si des animaux mal gardés font quelque dommage; si on cause un incendie par une imprudence; si un bâtiment qui menace ruine n'étant pas réparé tombe sur un autre et y fait dommage ».

On voit qu'il s'agit dans toutes ces hypothèses d'une faute non intentionnelle; d'ailleurs, l'auteur ajoute lui-même dans une remarque générale :

« Toutes les pertes et tous les dommages qui peuvent arriver par le fait de quelque personne, soit imprudence, légèreté, ignorance de ce qu'on doit savoir, ou autres fautes semblables, si légères qu'elles puissent être, doivent être

---

(1) *Traité des lois,* ch. IV, §§ 2 sq.
(2) *Traité des lois,* ch. V.
(3) *Traité des lois,* ch. V, § 4.
(4) *Lois civiles,* 1re partie, liv. I.
(5) *Lois civiles,* 1re partie, liv. II, tit. 8; Domat traite aussi des délits dans son *Droit public,* t. II, lib. III, *Des délits et des crimes,* p. 142 sq. Mais il n'en dit rien qui soit susceptible de nous intéresser.

réparées par celui dont l'imprudence ou autre faute y a donné lieu. Car c'est un tort qu'il a fait, quand même il n'aurait pas eu l'intention de nuire. » (1).

Ainsi Domat reconnaît qu'il y a dans la faute non intentionnelle la source d'une obligation.

Mais il faut noter que jamais il ne la qualifie de quasi-délit et qu'il en a considérablement élargi le contenu ; comme les auteurs coutumiers et certains Humanistes, il ne fait plus mention de l'imprudence du juge, mais il ajoute à la liste des fautes « qui ne vont pas à un crime ni à un délit » un certain nombre d'actes non intentionnels dont il est question aujourd'hui dans les articles **1383** à **1386** de notre Code civil.

----

(1) *Loc. cit.*, sect. IV.

CHAPITRE VII

Les auteurs coutumiers.

———

Création d'origine essentiellement romaine, le quasi-délit ne devait, pas plus que le quasi-contrat, susciter ni retenir longtemps l'attention des auteurs coutumiers (1).

38. — On ne peut donc s'étonner en voyant que Beaumanoir, d'Argentré, Guy Coquille, Loysel, Automne ne lui consacrent aucun développement et ne connaissent, ou tout au moins n'emploient pas l'expression de quasi-délit (2).

———

(1) Désireux surtout de grouper les auteurs coutumiers suivant leurs tendances, nous n'avons pu toujours respecter leur ordre chronologique. D'ailleurs, la clarté de l'exposé aurait eu à en souffrir et cela aurait provoqué des répétitions inutiles.

(2) Beaumanoir, *Coutume de Beauvoisis* (édit. Salmon, 1899-1900, 2 vol.), envisage surtout l'acte illicite du point de vue pénal. C'est le crime, chapitres xxx et xxxi notamment. D'Argentré, *Collectio judiciorum de novis erroribus* (Paris, 1755); Daguesseau, *Œuvres complètes* (16 vol., 1819); Guy Coquille, *Coutumes de France* (1 vol., 1616); Automne, *La conférence du droit français avec le droit romain* (1 vol., 1629); Loysel, *Institutes coutumières* (édit. Dupin et Laboulaye, 2 vol.), t. II, lib. II, tit. 11, n° 789, p. 164, *De crimes et gages de bataille;* dans une note, Laurière paraît faire entre le délit et le crime la distinction que l'on a coutume d'établir entre le délit et le quasi-délit. — Dans le glossaire du droit français inséré à la fin de ce traité (t. II), on rencontre à côté du mot quasi-contrat celui de quasi-délit ou *quausi crismes,* avec la définition suivante essentiellement négative et vague : « fait non criminel, mais qui oblige à indemniser la partie lésée comme un délit. » *Eod. lib., De jugemens,* tit. 11 bis, n° 867 bis, p. 229. Loysel nous dit que

Bourjon consacre un de ses titres aux « actions qui naissent des quasi-contrats » et aux « engagements qui se forment par le seul fait »; parmi ces derniers engagements, il étudie un certain nombre d'actions quasi délictuelles, mais il s'abstient de leur donner ce qualificatif, et l'on ne voit pas à quelle idée générale il les rattache (1).

On peut lui comparer Damours qui, dans son titre des « dommages causés par des fautes qui ne vont pas à crime ou à délit », énumère aussi un certain nombre d'actions quasi délictuelles, sans non plus faire emploi de cette expression (2).

Dans d'autres ouvrages cependant, même beaucoup plus

---

la prise à partie ne peut avoir lieu qu'en cas de dol, fraude ou concussion. Il élimine donc lui aussi l'impéritie. V. *eod. lib.*, tit. 4, D'appellations, n° 880, p. 236.

(1) Bourjon, *Le droit commun de la France et de la coutume de Paris réduit en principe* (Paris, 1744), t. II, lib. VI, tit. 3, ch. i à vii, où il cite les actions contre les messagers, les voituriers, les hôteliers; l'action personnelle née de fautes excusables comme celle qui est donnée contre ceux, qui par impéritie dans la profession qu'ils exercent, nuisent aux autres, leur premier engagement étant d'agir suivant les règles de leur art : il cite notamment le chirurgien mais non le juge. Bourjon s'occupe encore de l'action contre celui de la maison duquel un objet lancé par la fenêtre a causé préjudice, à raison d'une « indiscrétion »; de celle sanctionnant la prohibition de poser sur les fenêtres des choses qui peuvent nuire; de l'action donnée contre les couvreurs ou à raison des bâtiments ou du dommage causé par les animaux. — Seule la table qui se trouve à la fin du livre II nous renvoie, v° *Quasi-délit*, aux textes qui traitent des différentes actions que nous venons de citer; et au liv. VI, tit. 8, *Des exécutions*, ch. i, on nous indique au nombre des cas privilégiés dans lesquels on peut saisir et exécuter sans titre (*Distinction*, IV, 44) celui du quasi-délit; c'est ainsi que lorsqu'un cocher a blessé quelqu'un, la voiture et les chevaux peuvent être arrêtés, comme peut l'être aussi un animal vaguant et faisant dommage.

(2) Damours, *Exposition abrégée des lois* (Paris, 1751), lib. II, tit. 8.

anciens, nous retrouvons la division quadripartite romaine
des sources des obligations parmi lesquelles figure le
quasi-délit. Il en est ainsi dans le *Livre de Jostice et de Plet*
qui remonte cependant à la seconde moitié du xiii° siècle,
dans le *Grand Coutumier de France*, le *Style du Châtelet*, et
chez Boutillier (1) ; ce dernier s'essaie même à nous donner
une définition du quasi-délit qu'il décrit comme « une obligation qui équipolle à obligation de maléfice ».

Avec Dumoulin, dont l'œuvre a si puissamment contribué
à l'épanouissement de notre droit coutumier, on s'attendrait
à une étude intéressante du quasi-délit ; mais le jurisconsulte
ne fait cependant qu'en signaler l'existence dans son commentaire du Code, et Charondas le Caron, après lui, n'en
dit pas davantage (2).

Dans les commentaires d'Étienne Pasquier et de Boutaric,
la matière du quasi-délit est sujette à de plus longs développements, mais on n'y trouve encore, ou peu s'en faut, qu'une
simple paraphrase des Institutes.

Alors qu'Étienne Pasquier commence par oublier le quasi-
contrat dans son énumération des sources, il ne manque pas

------

(1) *Livre de Jostice et de Plet* (édit. Rapetti, 1850), lib. XVII, 7, *D'Au-
cions et d'Obligemenz*, traduit du D., XLIV, 7 ; *Grand coutumier de
France* (édit. Laboulaye et Dareste, 1868), liv. II, ch. x, p. 201 ; Style
du Châtelet, mss., fr. 1076 (Biblioth. nation.), cité par Viollet, *Précis de
l'histoire du droit*, t. II, p. 513 ; Boutillier, *Somme Rural* (édit. Charondas
le Caron), lib. I, tit. 25, p. 134-135 ; Vizioz, *op. cit.*, p. 196-197.

(2) Dumoulin, *Opera* (4 vol., 1658), t. IV, *Comment. in Cod.*, lib. IV,
tit. 8, p. 184 ; Charondas le Caron, *Pandectes du droit français* (Paris,
1637), lib. II, cap. xxv. Ce dernier ne s'intéresse encore à l'acte illicite
qu'en tant que crime dans le domaine purement pénal. Notons seulement qu'il voit lui aussi dans le cas du *judex qui litem suam facit* l'origine de la prise à partie, liv. IV, ch. xxxiv, p. 653.

de citer le quasi-délit, mais il ne nous di² point quel est le critérium qui permet de l'identifier (1).

On retrouve chez lui la distinction traditionnelle suivant que le juge a fait le procès sien par imprudence, auquel cas il est tenu *ex quasi-delicto* ou par dol, hypothèse qui rentre dans le cadre du délit; mais il s'empresse aussi d'ajouter qu'en fait le juge ne peut être poursuivi dans le premier, car il serait trop facile au plaideur mécontent de la sentence rendue de l'actionner sans raison (2).

En réalité, il n'y a donc pas de quasi-délit pour le juge qui n'a commis qu'une imprudence.

C'est ce que décide aussi Boutaric, qui admet à son tour sans commentaire la classification quadripartite de Justinien et ajoute qu'après avoir suivi longtemps en France la disposition du droit romain qui rendait les juges garants du mal jugé, on décide aujourd'hui qu'ils ne peuvent être intimés que lorsqu'ils ont rendu une mauvaise sentence par dol, concussion ou fraude : *Si per gratiam, inimicitiam, avaritiam aut sordes* (3).

---

(1) Étienne Pasquier, *Interprétation des Institutes de Justinien* (édit. 1847), lib. III, ch. xiv, p. 520; Vizioz, p. 199; l'auteur paraît d'ailleurs tenir compte davantage d'une division des obligations qui lui est inspirée par Aristote (*Ethic. Nicomach.*, lib. V, ch. v) en volontaires et involontaires, et parmi ces dernières il fait entrer celles qui procèdent de nos délits.

(2) *Op. cit.*, lib. IV, ch. vi, p. 760. Sur les autres cas d'obligations quasi délictuelles, l'auteur ne nous dit rien qui mérite d'être rapporté.

(3) Boutaric, *Institutes de Justinien* (Toulouse, 1740), lib. III, tit. 13; lib. IV, tit. 5. — Boutaric est un auteur des pays de droit écrit, commentateur du droit romain, comme Et. Pasquier et Houet du Hamel, mais sa place se trouvait parmi les auteurs coutumiers auxquels il s'apparente par ses conceptions. — Cpr. Vizioz, *op. cit.*, p. 196 sq.

Argou, Prévot de la Janès et Houet du Hamel marquent
une étape décisive dans l'évolution de la notion de quasi-
délit en droit coutumier.

Cela résulte, à n'en pas douter, de cette phrase empruntée
à l'*Institution au droit français* d'Argou, qui, après avoir
étudié le délit ou crime à la suite des contrats et quasi-
contrats, ajouté :

« Mais comme il y a de certaines actions qu'on ne peut pas
proprement appeler criminelles, mais qui ne sont pas aussi
tout à fait innocentes, parce qu'elles procèdent de la faute et
de l'imprudence de celui qui les a commises, les lois leur
ont donné un nom qui tient le milieu entre les actions innocentes et les criminelles en les appelant quasi-délits. » (1),

Prévot de la Janès ne se montre pas moins affirmatif ; il
distingue à côté des obligations qui dérivent de la convention celles qui sont issues de l'équité naturelle et à ces dernières il rattache les obligations qui naissent du dommage
qu'on a causé à un autre, soit de dessein prémédité, ce qu'on
nomme délit, soit par l'effet d'une simple faute, ce qu'on
appelle quasi-délit (2).

Ainsi, ces deux auteurs rejoignent les théories romanistes,
puisque, à leur avis, c'est dans l'idée de simple faute, d'imprudence, qu'il faut voir le critérium du quasi-délit ; et la
faute caractérise si bien pour lui le quasi-délit que Prévot
de la Janès en fait à son tour un synonyme lorsqu'il nous
dit : « On fait du mal à quelqu'un ou par le dessein formé

____

(1) Argou, *Institution du droit français* (édit. Boucher d'Argis, 1787,
2 vol.), t. II, liv. III, *Des obligations*, ch. i, *Des obligations en général*,
p. 3 et 5 notamment.

(2) Prévot de la Janès, *Les principes de la jurisprudence française*,
1750, t. II, p. 1 et 353-354.

de lui nuire, ce qu'on appelle délit, ou par imprudence, ce qu'on nomme faute. » (1).

Enfin Houet du Hamel déclare également :

> Quasi-delictum est factum illicitum ex quo quis perinde obligatur ac ex delicto, licet delictum revera non intervenerit. Quasi-delicta aestimantur ex culpa et ignorantia : delicta vero ex voluntate et proposito delinquendi (2).

Est-ce à dire que pour ce groupe d'auteurs si la faute non intentionnelle caractérise le quasi-délit, ils aillent jusqu'à penser, généralisant cette idée, que dans tous les cas de faute non intentionnelle il y a quasi-délit?

Rien ne permet de l'affirmer. C'est qu'en effet Argou et Prévot de la Janès ne nous parlent pas du tout du contenu de la notion de quasi-délit, et Houet du Hamel, s'il nous entretient bien des quatre obligations quasi délictuelles relatées dans les Institutes, en nous disant que ce sont là des *exempla*, ne nous renseigne pas davantage sur ce contenu.

Par contre, chez Fleury on voit apparaître une systématisation véritable de la notion de quasi-délit, sur la base de l'idée de faute exclusive de dol, systématisation que, si l'on s'en souvient, nous n'avons pas trouvée même chez les derniers Humanistes.

L'auteur rappelle que là où il y a faute par imprudence, il y a simple quasi-délit, puis il nous donne comme exemples de cette source d'obligation les cas de responsabilité du maître de la maison duquel un objet a été jeté ou répandu,

---

(1) *Op. cit.*, t. II, p. 397 à 399.

(2) Houet du Hamel, *Imp. Justiniani Institutionum Synopsis,* 1737, lib. III, tit. 14; lib. IV, tit 5.

et des hôteliers et bateliers à raison des délits de leurs préposés : « On leur impute toujours, dit-il, d'avoir chez eux
des gens malaisés. »

Comme Pasquier et Boutaric, Fleury ne cite plus le cas du
judex qui litem suam facit, mais il mentionne par contre,
ainsi que le faisait Placentin, un nouveau quasi-délit, le maître
étant tenu de réparer le dommage causé par ses animaux (1).

Mais surtout Fleury ajoute une phrase d'une extrême
importance ; il dit en effet :

« En général, on peut rapporter à cette cause toutes les
actions de dommages-intérêts où l'on ne se plaint point du
dol de la partie adverse, encore même que ces actions semblent venir des contrats, car, en ce qui regarde le dommage,
elles viennent toujours de la faute de quelqu'un. » (2).

Ainsi Fleury, rejetant enfin des textes du droit romain qui
avaient jusque-là arrêté ses devanciers, sans doute parce que,
auteur coutumier, les connaissant mal, ils ne l'embarrassaient
point, proclame que dans tous les cas d'actes illicites où il y
a absence de dol, simple imprudence, il naît un quasi-délit.

Denizart, sans être aussi affirmatif que Fleury, semble
partager son opinion (3).

---

(1) *Supra,* p. 131.

(2) Fleury, *Institution au droit français* (édit. Laboulaye et Dareste,
1858), ch i, *Des obligations et des contrats,* p. 357 sq. ; ch. xxxi, *Des quasi-
délits.*

(3) Denizart, *Décisions nouvelles,* 1771, t. IV, v° *Quasi-délit,* 1. A son
avis, le quasi-délit ne mérite qu'une peine atténuée à des dommages-
intérêts ou à une amende de police. Notons qu'il fait rentrer, comme
Hotman (*supra,* p. 155-156), la faute du médecin parmi les quasi-délits.

CHAPITRE VIII

Les Canonistes.

---

39. — Les auteurs canonistes anciens, Décrétistes et Décrétalistes, ne connaissent qu'une seule et vaste source d'obligations illicites : le fait illicite, qui s'oppose au contrat et à l'enrichissement injuste, sources des obligations licites (1).

A la différence de ce qu'enseignent les commentateurs du droit romain, il n'est question chez eux ni de délit, ni de quasi-délit.

Pour les Canonistes, le fait illicite est avant tout le *damnum* ; ce terme, qui évoque l'élément sensible, le plus souvent palpable de l'acte délictueux, paraît avoir frappé leur esprit réaliste. C'est ainsi que l'attention des Glossateurs a été particulièrement attirée par la théorie suivant laquelle on est responsable du dommage, même fortuit, que l'on a causé, quand ce dommage résulte d'un acte illicite (2), et cette théorie est synthétisée dans la formule :

Dans occasionem damno damnum dedisse videtur (3).

---

(1) Rotondi, *Dalla lex Aquilia all' art. 1151 Cod. civ. Ricerche storico-dogmatique. Scritti giuridici*, t. II, p. 465 sq.

(2) Décret. Gloses. C. 23, qu. 5, can. 7 et C. 31, qu. 3, can. 2.

(3) Cette formule générale ne paraît comporter qu'une seule exception longuement exposée au can. 7 de la C. 23, qu. 5 : *Dans occasionem damni vocando rei licitae non censetur damnum dedisse, si praeter intentionem damnum ceciderit*. Ce canon est un passage attribué à saint Augustin qui dit que, dans le cas contraire, on ne pourrait pas même

La conception canonique du *damnum* est, d'ailleurs, empruntée au droit romain (1); elle se trouve déjà exposée dans la glose du Décret de Gratien (2) et chez les commentateurs des Décrétales de Grégoire IX au titre : *De injuriis et damno dato* (3); il est aisé de constater dans ces œuvres que les Canonistes ont adopté purement et simplement les sanctions du droit romain.

On ne doit pas croire cependant, bien que le droit canonique base la responsabilité générale sur la notion de faute entendue au sens de simple imputabilité, que tout fait illicite dommageable engendre une obligation, et que, d'autre part, les auteurs n'aient pas su nuancer les différents degrés de responsabilité.

On constate, en effet, que, tout en parlant du *damnum* en général, les Canonistes admettent aussi que les obligations illicites peuvent provenir de la *culpa;* mais ils envisagent la *culpa* plutôt par son caractère objectif *d'omissio debitae diligentiae,* de *culpa juridica,* que par l'absence d'élément subjectif intentionnel, que les auteurs se plaisent d'habitude à mettre en évidence, et ils en font seulement une variété de *damnum* et non point une source distincte d'obligations illicites (4).

---

planter un arbre, car quelqu'un serait capable plus tard d'en détacher un bâton qui pourrait servir à commettre un crime. Il est évident que celui qui planterait l'arbre fournirait l'occasion du crime en en fournissant l'instrument, mais on ne pourrait raisonnablement le déclarer responsable.

(1) Inst., IV, 3, *De Lege Aquilia;* 8, *De Noxalibus Actionibus;* 9, *Si quadrupes pauperiem fecisse dicatur.*

(2) P. 1, dist. 50, can. 41.

(3) Tit. 36, C. 5; Ferrari, *Prompta biblioth. canon,* au mot *Damnum.*

(4) Corvinus, *Jus Canonicum per aphorismos strictim explicatum,* Amsterdam, 1663, lib. IV, tit. 1, p. 275.

L appréciation de l'intention dommageable ne paraît jouer aucun rôle dans le domaine de la responsabilité juridique, et il est intéressant de noter à ce sujet la différence qui existe entre la responsabilité du for externe et celle du for interne, différence qui se révèle dans les termes de *culpa juridica* et *culpa theologica, delictum* et *peccatum.*

Dans l'expression *culpa juridica,* le mot *culpa* est pris seulement dans un sens analogique par rapport à la faute théologique.

Culpa theologica ou *peccatum* se dit dans l'ordre de la théologie morale et se réfère au for de la conscience ou for interne ; elle est justiciable du Tribunal de la pénitence : c'est la violation de la loi de Dieu.

Mais les juristes ne s'en préoccupent pas ; seule les intéresse la *culpa juridica,* qui est la négligence imputable ou l'omission d'une diligence requise par la loi ou le droit naturel ; c'est, en d'autres termes, un *delictum* (1), violation de la loi de l'Église, justiciable du for externe, des tribunaux ecclésiastiques.

On le voit, cette différence entre la responsabilité du for externe et celle du fort interne correspond bien à celle que l'on a coutume de faire entre le délit et le quasi-délit et qui réside dans la présence chez le premier d'un élément intentionnel qui fait défaut chez le second.

L'idée qui est à la base de la conception courante du quasi-délit est donc connue des Canonistes, seul le terme leur est peu familier. Ce serait, en effet, aller trop loin de

---

(1) Quoique, en général, les Canonistes fassent abstraction de l'expression *peccatum,* il arrive parfois que, par impropriété de termes, ils emploient ce mot comme synonyme de *delictum.* Ainsi dans la fameuse *Decretale Novit* (liv. II, tit. 1, ch. iii), bien que certains auteurs ne partagent pas cet avis.

croire qu'ils l'ont complètement ignoré ; mais il faut arriver aux auteurs modernes pour entendre parler d'une manière courante d'une source nouvelle d'obligations : le quasi-délit, caractérisé par l'absence d'intention nuisible. Encore les auteurs s'inspirent-ils directement de la compilation romaine sans apporter une contribution importante sur la question.

A proprement parler, en effet, les Canonistes ne paraissent pas avoir eu une doctrine particulière du quasi-délit ; ils distinguent dans le délit un double élément en ce qui concerne l'imputabilité de l'acte délictueux : un élément subjectif et formel le *dolus*, ou volonté délibérée de violer la loi, et un élément matériel, le *damnum*.

C'est la théorie du *damnum* séparé du *dolus* qui a fondé la notion de quasi-délit chez les Canonistes.

Parmi les auteurs anciens, seul Calvin nous a paru faire emploi de l'expression « quasi-délit » (1).

Calvin explique dans son *Lexicon Juridicum* (2), au mot *quasi delictum* :

> Quasi delictum dicitur, cum culpa punitur ita quasi revera delictum esset. Culpa enim proprie a delicto sic distinguitur, quod in hoc dolus est, in illa non est :

---

(1) Nous n'avons rien trouvé chez : Panormitanus, *Commentarii seu lectura in Decretalium libros cum additionibus Sebastiani Sapii, etc.*, Lyon, 1527, 6 vol. Dans son tome V, *De injuris et damno dato*, f° 225 sq., l'auteur distingue entre le dol et la simple impéritie lorsqu'un objet jeté d'une fenêtre a tué un homme ; dans le cas d'impéritie, il applique l'action *de effusis et dejectis*, et dans le cas de dol, les sanctions de la loi *Cornelia de sicariis*. Mais Panormitin ne se sert pas du mot quasi-délit, alors que dans le même titre (f° 226-228) il emploie celui de *quasi contractus* ; Dantoine, *Règles du droit canon* ; Fleury, *Institutions au droit ecclésiastique*, gardent aussi le silence sur le quasi-délit.

(2) *Lexicon Juridicum Juris Caesarei Simul et Canonici*, 1622, v° *Quasi delictum* et également *Obligations*.

> veluti cum judex male per imprudentiam judicando
> litem suam fecit. Imprudentiam enim pars culpae est,
> culpa autem pars quaedam delicti, poena igitur dam-
> nato sic imponitur ac si deliquisset : cum tamen ejus
> factum proprie delictum dici non possit, l. 5, § si judex,
> § de oblig. et action., § 1, inst. de oblig. quasi ex delict.

Ce court exposé ne diffère pas sensiblement de ce que nous ont appris les textes de la compilation romaine.

Plus près de nous, d'Annibale se réfère directement lui aussi au droit romain et au titre des Décrétales *de injuriis et damno dato* (1), comme le font aussi des auteurs modernes comme Ala (2), Lega (3), Sole (4) et Wernz (5), qui emploient fréquemment l'expression de quasi-délit. Mais l'examen des travaux de ces juristes dépasserait les limites d'une étude réservée à l'ancien droit.

Pour cette période, nous n'avons pu que constater que les auteurs canonistes ne paraissent pas avoir eu une notion de quasi-délit; l'appréciation de l'intention coupable semble être restée dans le domaine de la théologie morale, et l'expression de quasi-délit n'est apparue que dans des textes rares et récents, à peu près dépourvus d'intérêt et directement inspirés du droit romain.

---

(1) D'Annibale, *Summula Theolog. moralis,* I, tract. VI, tit. 1, art. 1, n° 296 (3° édit.), p. 279.

(2) Ala, *Criminalis Juris et proxeos instituta* (Rome, 1839), tit. 1, ch. iii, *De dolo, culpa et casu,* n° 4 (p. 11-12).

(3) Lega, *De Judiciis,* t. III, p. 1, tit. 1, C. 2, § 2.

(4) Sole, *De delictis et poenis,* lib. V, p. 1, n° 19, et p. 13.

(5) Wernz, *Jus Decretalium,* 1913, t. VI, p. 32, n. 23. Il fait sienne la description du quasi-délit donnée par Calvinius. Également références citées par Rotondi, *op. cit.,* p. 527, n° 1. — Le *Codex Juris Canonici* (édité en 1917 par Benoît XV) fait bien la distinction de fond entre le délit et le quasi-délit (Can. 2195, 2199, 2200, 2203).

Hâtons-nous d'ajouter que ces conclusions sont le résultat de quelques sondages seulement.

Il faudrait, pour se faire une opinion plus autorisée, entreprendre une étude très sérieuse des auteurs commentateurs du droit canon et des Moralistes pour rechercher notamment si les principes de la responsabilité du for interne sont toujours restés indépendants de ceux de la responsabilité du for externe et pour déterminer si la notion de *peccatum* n'a pas influencé celle de *delictum* et donné naissance au quasi-délit.

CHAPITRE IX

La notion de quasi-délit à la fin de l'ancien droit.:
Pothier.

—

40. — On a vu chez les auteurs coutumiers le quasi-délit
s'élargir progressivement au point d'être considéré comme
la sanction de toute faute exclusive de dol, en même temps
que son contenu a perdu sa fixité traditionnelle pour se
modeler sur la formule à laquelle il doit correspondre.

Désormais, on ne comptera plus seulement quatre quasi-
délits : il y aura quasi-délit dans tous les cas de faute non
intentionnelle dont le nombre est illimité.

Ces conclusions ont été adoptées et fortifiées par Pothier à
la veille de la codification : le jurisconsulte semble avoir en
effet, dans cette matière, directement puisé dans l'œuvre des
auteurs coutumiers.

Il se montre d'ailleurs particulièrement bref sur la question des sources des obligations en général et du quasi-délit
en particulier, mais il n'en est pas moins intéressant.

Il ajoute aux quatre sources d'obligations traditionnelles :
la loi et l'équité (1), puis il nous donne, pour la première fois,
une définition générale du quasi-délit.

« On appelle délit, dit-il, le fait par lequel une personne,

---

(1) Pothier, *Œuvres complètes*, 26 vol., Paris, 1821-1824; *Traité des
obligations*, n° 2.

par dol ou par malignité, cause du dommage ou quelque tort à un autre.

» Le quasi-délit est le fait par lequel une personne sans malignité, mais par une imprudence qui n'est pas excusable, cause quelque tort à un autre. » (1).

La même définition se retrouve, sous une forme un peu différente, dans son commentaire de la coutume d'Orléans (2) où le jurisconsulte dit :

« On appelle délits et quasi-délits les faits illicites qui ont causé quelque tort à quelqu'un, d'où naît l'obligation de le réparer.

» Si ce fait procède de malice et d'une volonté de causer ce tort, c'est un délit proprement dit, tel que le vol : s'il ne procède que d'imprudence, c'est un quasi-délit. »

Voilà donc avec Pothier la notion de quasi-délit tout à fait généralisée, et l'on s'explique que le jurisconsulte ne se soit pas davantage attaché à en déterminer le contenu par des exemples, puisque pour lui, toutes les fois qu'il y a faute non intentionnelle, il y a quasi-délit.

C'est là la conception qui se dégage de notre Code civil (3) et qui s'est maintenue en droit moderne.

____

(1) Pothier, *op. cit.*, n° 116.

(2) *Coutume d'Orléans*, Introduction générale, n° 116. — Dans les *Pandectae Justinianeae* de Pothier, 1782, Lyon, on ne trouve rien d'intéressant; c'est de la pure exégèse.

(3) Guyot, *Répertoire de jurisprudence*, Paris, 1785, v° *Quasi-délit* (qui a été textuellement copié par Merlin, *Répertoire de jurisprudence*, 1807-1828, v° *Obligation et quasi-délit*), ne fait lui-même que s'inspirer directement, quand même il ne les transcrit pas, de Domat et de Pothier.

CHAPITRE X

Conclusion.

———

41. — Notre étude de la notion de quasi-délit en droit romain nous a permis de conclure que, sans aller jusqu'à croire qu'elle ait représenté pour les auteurs byzantins tout au moins une catégorie vide de sens, il leur eût été facile de s'en passer, car elle apparaît chez eux avec un caractère nettement artificiel.

Or, l'analyse à laquelle nous venons de nous livrer de cette notion chez les auteurs de l'ancien droit nous amène à constater que l'on n'est guère plus avancé à la veille de la rédaction de notre Code civil qu'on ne l'était à l'époque des compilations de Justinien (1).

S'il y a, en effet, chez les auteurs, une notion de quasi-délit, il faut reconnaître que cette notion est purement verbale et négative.

Rares sont les développements consacrés à la notion par l'École prébolonaise.

On n'en parle d'ailleurs pas comme d'une source d'obligations, mais on s'intéresse surtout, ainsi que le faisaient les jurisconsultes du droit romain classique, au rapport obligatoire qui se forme *quasi ex delicto,* et les auteurs se con-

———

(1) C'est déjà à cette conclusion qu'est arrivé M. Vizioz dans son étude du quasi-contrat. Vizioz, *op. cit.,* p. 212 sq.

tentent, le plus souvent, de répéter, sans essayer de comprendre, ce que disent les textes du *Corpus*.

Pour eux, l'obligation *quasi ex delicto*, qu'ils définissent rarement, est d'une nature indéterminable; elle ne participe ni de celle du contrat ni de celle du délit, bien que cependant elle ait davantage de rapport avec l'obligation délictuelle qu'avec l'obligation contractuelle.

Mais la notion demeure négative, car les auteurs ne précisent pas par quel point elle se rapproche du délit tout en s'en différenciant.

Chez les Glossateurs, au contraire, cette notion tend à devenir une véritable source d'obligations.

Les docteurs s'intéressent surtout au cas du « juge qui fait le procès sien », dans lequel ils ne voient la source d'un quasi-délit que si le juge a agi par imprudence (1).

Comme, d'autre part, il ne saurait être question de responsabilité dolosive dans les trois autres hypothèses de quasi-délit, un point de contact s'établit entre celles-ci et le cas du juge sur la base de l'idée d'absence de dol.

Il n'en faut pas déduire cependant que les Glossateurs aient affirmé que le quasi-délit se distingue du délit par l'absence d'intention dolosive; ils préparent néanmoins la voie à cette conception que nous rencontrerons timidement formulée par les Bartolistes, mais admise d'une manière catégorique chez les Humanistes et leurs successeurs, à une époque bien antérieure à Heineccius, contrairement à ce que pense M. Planiol (2).

---

(1) Nous avons montré que ce point de vue était déjà celui des jurisconsultes romains; nous pensons que c'est à la faveur d'une généralisation abusive qu'on a pu soutenir le contraire. *Supra*, p. 38 et n° 3.

(2) *Supra*, p. 140 sq. Dès cette époque, l'expression quasi-délit carac-

Remarquons bien, d'ailleurs, que ce n'est pas en étudiant les rapports qui unissent entre eux les différents quasi-délits que les auteurs de l'ancien droit sont arrivés à admettre que la notion se caractérise par l'absence de dol.

Ce travail de comparaison, ils ne l'ont pas fait.

En réalité, un seul quasi-délit a attiré leur attention : celui du *judex qui litem suam facit* par imprudence ; ils ne paraissent avoir prêté qu'un intérêt médiocre à l'analyse des autres quasi-délits, pour lesquels ils ne font guère que répéter les développements qu'ils ont découverts chez les jurisconsultes romains, sans s'ingénier à mettre nettement en relief l'idée de faute non intentionnelle qui les apparente et les rapproche en même temps du quasi-délit du juge.

A notre avis, il a suffi aux auteurs de l'ancien droit du *judex qui litem suam facit* pour élaborer toute leur théorie du quasi-délit.

Du moment que cet acte, à condition qu'il fût non dolosif, était un quasi-délit, le quasi-délit se caractérisait pour eux par l'absence de dol.

Par ailleurs, pour pouvoir justifier l'existence du quasi-délit entendu au sens de faute non intentionnelle, une objection grave arrête les auteurs : c'est que cette notion paraît faire double emploi avec le délit de la loi Aquilia qui sanctionne aussi bien la faute non dolosive que dolosive.

Les Glossateurs les premiers se heurtent à cette difficulté et ne peuvent en donner la solution.

---

térise la faute non intentionnelle ; elle n'est pas réservée, comme le dit M. Planiol, aux fautes graves se rapprochant des actes criminels (Planiol, *Classification des sources des obligations, Rev. crit.*, 1904, p. 224 sq. ; *supra*, Introduction). Poullain du Parc, *Principes du droit français,* t. VIII, p. 107, et Pothier, *Obligations,* n° 116, ne disent pas autre chose.

Les Bartolistes ne sont pas plus heureux, et les explications qu'ils tentent de fournir sur les rapports du quasi-délit et du délit de la loi Aquilia ne donnent nullement satisfaction à l'esprit.

Seuls les Humanistes vont présenter une conception nouvelle de la notion de quasi-délit, car si certains d'entre eux reprennent sans plus de succès les explications invoquées par leurs devanciers, d'autres ont, en réalité, compris, avec quelques théoriciens de l'École du droit naturel, l'inutilité de cette notion en face de celle du délit dans laquelle elle s'absorbe ; le quasi-délit pour ces jurisconsultes est une variété de *damnum injuria datum*, causé sans intention de nuire.

En présence de cette difficulté créée par la loi Aquilia, on s'explique facilement que les Romanistes de l'ancien droit, s'ils ont admis que le quasi-délit se caractérise par l'absence d'intention dolosive, n'ont pu aboutir à la formule générale suivant laquelle tout acte illicite non intentionnel s'analyse en un quasi-délit.

Ce sont les auteurs coutumiers et les jurisconsultes comme Pothier qui ont précédé et influencé directement la rédaction de notre Code civil, déjà moins en contact avec les textes du droit romain et les difficultés suscitées par eux, qui proclameront cette formule.

Il paraît même surprenant de voir, en présence des obstacles qui s'opposaient à la survivance du quasi-délit, en face du délit de la loi Aquilia, que cette notion ait pu traverser tout notre ancien droit pour parvenir jusqu'au Code civil sans trop de vicissitudes.

On ne peut expliquer ce maintien traditionnel d'une notion inutile et reconnue comme telle à travers les siècles que par le respect des auteurs pour les principes et les textes du droit romain.

Ils n'ont pas osé supprimer une notion consacrée par la compilation et l'ont conservée sans pouvoir cependant lui donner une portée utile et un contenu propre.

La notion de quasi-délit étant en effet demeurée à l'état presque stagnant durant l'ancien droit, son contenu s'est immobilisé.

On voit au contraire, notamment à partir de l'École des Humanistes, le support même de la notion qui vient à manquer, puisque l'imprudence du juge tend à ne plus être considérée comme un quasi-délit.

Et peu à peu, les autres hypothèses de quasi-délit elles-mêmes disparaîtront, sanctionnées maintenant par la loi Aquilia dont le caractère pénal s'épuise complètement au profit de son caractère réipersécutoire.

Il n'y aura plus, en somme, qu'une seule catégorie d'actes illicites en droit civil, celle des délits de la loi Aquilia, qui porteront plus spécialement le nom de quasi-délit lorsque le dol n'y jouera aucun rôle, et sans que cette distinction, d'ailleurs, présente un intérêt pratique.

On peut donc dire que si, à la fin de notre ancien droit, il y a une notion de quasi-délit, c'est une notion purement négative puisqu'elle n'est douée d'aucune indépendance et s'absorbe dans celle de délit aquilien.

BIBLIOGRAPHIE

—

Introduction.

Aubry et Rau. — Cours de droit civil français, 12 vol., 5e édit. Paris, 1922.

Baudry-Lacantinerie et Barde. — Traité de droit civil. Des obligations, 3 vol., 8e édit. Paris, 1909.

Colin et Capitant. — Cours élémentaire de droit civil français, 3 vol., 3e édit. Paris, 1921.

Demogue. — Traité des obligations en général, 5 vol. Paris, 1923-1925.

Fenet. — Recueil complet des travaux préparatoires du Code civil, 15 vol. Paris, 1827.

Planiol. — Traité de droit civil, 3 vol., 8e édit. Paris, 1920.

— Classification des sources des obligations. *Rev. crit.,* 1904.

Vizioz. — La notion de quasi-contrat. Étude historique et critique. Thèse Bordeaux, 1912.

Zachariæ. — Cours de droit civil français, 5 vol., revu par Aubry et Rau, 2e édit. Strasbourg, 1844; 8 vol., 4e édit. Paris, 1869 à 1879.

1° Droit romain.

A. *Sources.*

Basiliques. — Édit. Heimbach, 7 vol. Leipzig, 1833-1846 (dont 1 vol. supplément. Leipzig, 1897).

Code Théodosien. — Édit. Mommsen et Meyer, 3 vol. Berlin, 1905.

Corpus juris civilis. — Édit. Mommsen, Krueger, Schoell et Kroll; t. I, Institutiones et Digesta, 14e édit., Berlin, 1922; t. II, Codex Justinianus, 9e édit., Berlin, 1915; t. III, Novellae, 4e édit, Berlin, 1912.

Épitome de Gaius. — Édit. Böcking (dans le Corpus juris romani ante-justiniani de Böcking, Bethmann-Holweg, etc.), 3 vol. Bonn, 1841-1844.

GAIUS. — Institutes. Édit. Seckel et Kuebler, 1 vol. Leipzig, 1903.

GLOSE DES INSTITUTES DE TURIN. — Édit. Krueger (*Zeitschrift für Rechts-geschichte*, t. VII).

JURISPRUDENTIA ANTEJUSTINIANA DE HUSCHKE. — 5e édit., 1 vol. Leipzig, 1886.

LEX ROMANA WISIGOTHORUM. — Édit. Haenel, 1 vol. Leipzig, 1849.

PALINGENESIA JURIS CIVILIS DE LENEL. — 2 vol. Leipzig, 1888-1889.

PARAPHRASE GRECQUE DES INSTITUTES. — Édit. Viglius, 1534; Fabrot, 1638; Reizt, 1751; Ferrini, 1 vol. Berlin, 1884.

TEXTES DE DROIT ROMAIN DE GIRARD. — 5e édit. Paris, 1923.

B. *Ouvrages et articles doctrinaux.*

ACCARIAS. — Précis de droit romain, 2e édit., 2 vol. Paris, 1876; 4e édit., 2 vol. Paris, 1886-1891.

ARANGIO-RUIZ. — Corso di Istituzioni di diritto romano (diritti reali e di obbligazione), 1 vol. Naples, 1921.

BARTOLI. — Du juge *qui litem suam facit*. Thèse Paris, 1909.

BETTI. — Le Fonte d'obbligazione e i problemi storici della loro classi-ficazioni. *Archivio giuridico*, 4e série, vol. IX, fasc. 2, avril 1925.

BONFANTE. — Istituzioni di diritto romano, 3e édit., 1 vol. Milan, 1903.

BRINZ. — Lehrbuch der Pandekten, 4 vol. Erlangen, 1873-1892.

CORNIL. — Mélanges de droit romain, 2 vol. Sirey, Paris, 1926.

CUQ. — Institutions juridiques des Romains, 1re édit., 2 vol. Paris, 1891; dernière édit., 1 vol. Paris, 1917.

DEMANGEAT. — Cours de droit romain, 2 vol., 2e édit. Paris, 1866; 3e édit. Paris, 1876.

DESENNE. — Des obligations qui naissent des délits et des quasi-délits en droit romain et en droit français. Thèse Paris, 1874.

FERRINI. — Pandette, 2e édit., 1 vol. Milan, 1904.

GIRARD. — Manuel élémentaire de droit romain, 7e édit. Paris, 1924.
— Les actions noxales. *N. R. H.*, 1887.

IHERING. — L'esprit du droit romain (trad. O. de Meulenaere), 3e édit., 1877, 4 vol.; Études complémentaires de l'esprit du droit romain, 3 vol., 1880-1891.

KARLOWA. — Römische Rechtsgeschichte, 2 vol. Leipzig, 1885-1892.
— Der Römische Civilprozess zur Zeit der Legis Actionen. Berlin, Weidman, 1 vol., 1872.

KÜBLER. — Die Haftung für Verschulden bei Kontraktsähnlichen und Deliktsähnlichen Schuldverhaltnissen. Z. S. St., 1918, t. XXXIX.

KUNKEL. — Diligentia. Z. S. St., t. XLV, 1925, p. 256 à 351.

LENEL. — Essai de reconstitution de l'Édit perpétuel (trad. F. Peltier), 2 vol. Paris, 1901-1903.

LEONE. — La negligenza nella colpa conttratuale ed extraconttratuale. *Riv. dir. civ.*, 1915.

LONGO. — Vocabulario delle costituzioni latine di Giustinia. *Bull.*, anno X, fasc. I à VI.

MAYNZ. — Cours de droit romain approfondi (t. II, Les obligations), 3 vol., 4e édit. Bruxelles, 1876-1877.

MAYR (Robertus). — Vocabularium Codicis Justiniani, Pars Prior (pars latina). Prague, 1923.

MIGNE. — Patrologie latine.

MOMMSEN. — Römisches Strafrecht, 1 vol. Leipzig, 1899.

ORTOLAN. — Explication historique des Institutes de Justinien, 3 vol., 8e édit. Paris, 1870.

PARIS. — La responsabilité de la custodia en droit romain. Thèse Paris, 1926.

PERNICE. — M. A. Labeo. Das römische Privatrecht im ersten Jahrhunderte der Kaiserzeit, 3 vol. Halle, 1873-1892.

PEROZZI. — Le obbligazioni romane, 1 vol. Bologne, 1903.

PETIT. — Traité élémentaire de droit romain, 6e édit., 1 vol. Paris, 1909.

ROTONDI. — Scritti giuridici, 3 vol. Milan, 1922.

RUDORFF. — Edictum perpetuum, 1 vol. Leipzig, 1859.

THOMAS. — Les actions *in bonum e aequum concepta*. N. R. H., 1901.

VALORI (Berto). — Un azione nossale nell'antico diritto agiziano. *Archivio giuridico*, t. XCVI.

VAN WETTER. — Cours de Pandectes, 4 vol. Paris, 1909-1910.

VIZIOZ. — La notion de quasi-contrat. Étude historique et critique. Thèse Bordeaux, 1912.

2o **Ancien Droit.**

A. *Sources.*

ABBREVIATIO INSTITUTIONUM, édit. Patetta (dans la *Bibliotheca juridica medii aevi de Gaudenzi*, t. II).

ACCURSE. — Justiniani Institutionum libri IV, F. Accursii glossi illustrati, 1 vol. Lyon, 1617.

ARGENTRÉ (B. D'). — Collectio Judiciorum de novis erroribus, 3 vol. Paris, 1765.

ARGOU. — Institution au droit français, 10e édit., par Boucher d'Argis, 2 vol. Paris, 1771.

AUTOMNE. — La conférence du droit français avec le droit romain, 1 vol. Paris, 1629.

Azon. — Summa Perutilis, 1 vol. Lyon, 1540 (Somme sur les Institutes, le Digeste et le Code).

Balduinus. — Commentarii in libros quattuor Institutionum, 1 vol. Paris, 1554.

Bartole. — Opera, 10 vol. Venise, 1602.

Beaumanoir. — Coutume de Beauvoisis, éd. Salmon, 2 vol. Paris, 1899-1900.

Beckman. — Medulla Justinianea, 1 vol. Paris, 1666.

Bourjon. — Droit commun de la France, 2 vol. Paris, 1747.

Boutaric. — Institutes de Justinien conférées avec le droit français, 1 vol. Toulouse, 1740.

Boutillier. — Somme rural. Nouvelle édit. par Charondas le Caron, 1 vol. Paris, 1621.

Brachylogus juris civilis. — Édit. Böcking, 1 vol. Berlin, 1829.

Burlamaqui. — Éléments de droit naturel, 1 vol. Paris, 1820.

Calvinus. — Lexicon Juridicum Juris Caesarei, Simul et Canonici, 1 vol., 1622 (apud Franciscum Helvidium).

Charondas le Caron. — Pandectes du droit français, 1 vol. Paris, 1637.

Cinus de Pistoie. — Super Codice et Digesto Veteri Lectura, 1 vol. Lyon, 1547.

Cocceji (Sam. de). — Systema novum justitiae naturalis et romanae, 1 vol. Halle, sans date.

Colombet. — Synoptica Institutionum descriptio, 1 vol. Paris, 1691.

Compendium juris. — Édit. Fitting (*Juristische Schriften*), p. 134 à 145. Halle, 1876.

Coquille (Guy). — Coutumes de France, 1 vol., 1616.

Corpus juris canonici. — Édit. Friedberg, 2 vol. Leipzig, 1879-1881.

Corpus juris civilis. — Édit. avec commentaires d'Accurse, de Contius, de Dionysus, de Godefroy, 6 vol. Genève, 1625 (dont 3 tomes sur le Digeste).

Corvinus. — Enchiridium seu Institutiones... explicatae per Erotemata, 1 vol. Amsterdam, 1644.

— Jus canonicum per aphorismos strictim explicatum, 1 vol. Amsterdam, 1663.

Cujas. — Opera, 11 vol. Naples, 1722-1727.

Daguesseau. — Œuvres complètes, 16 vol. Paris, 1819.

Damours. — Exposition des loix, 1 vol. Paris, 1751.

Dantoine. — Règles du droit canon, 1 vol. Liége, 1772.

Decius. — Enarratio in Dig. tit. de Regulis juris, 1 vol. Lyon, 1610.

Décrétales de Grégoire IX, 1 vol. Lyon, 1513.

Denizart. — Collection de décisions nouvelles et de notions relatives à la jurisprudence actuelle, 7ᵉ édit., 4 vol. Paris, 1771.

Despeisses. — Œuvres (annotées par Guy du Rousseau de la Combe), 4 vol. Paris, 1750.

Domat. — Les loix civiles dans leur ordre naturel (nouvelle édit. par M. de Héricourt), 1 vol. Paris, 1777.

Doneau. — Opera omnia, 12 vol. Rome, 1828.

Dorna (Bernardus). — Summa Libellorum, édit. Wahrmund (*Quellen zur Geschichte des römischen-kanonischen Processes im Mittelalter*, t. I. Innsbrück, 1905).

Duarenus. — Opera omnia, 4 vol. Lucques, 1765.

Dumoulin. — Opera, 4 vol. Paris, 1658.

Durand (Guillaume). — Speculum judiciale, 3 vol. Venise, 1602.

Epitome exactibus regibus. — Édit. Conrat, 1 vol. Berlin, 1884.

Epitome juris Florentina. — Édit Conrat (*Das Florentinische Rechtsbuch*), 1 vol. Berlin, 1882.

Faber (Antoine). — Opera, 11 vol. Lyon, 1658-1663.

Faber (Johannes). — Lectura super quattuor libros Institutionum, 1 vol., 1513.

— In Institutiones Justinianeas Commentarii, 1 vol. Lyon, 1578.

Ferrière (Cl.-J.). — Les Institutes de l'empereur Justinien, 7 vol. Paris, 1773.

— Nouvelle Introduction à la pratique, 2 vol. Paris, 1737.

Flœury. — Institution au droit français, édit. Laboulaye et Dareste, 2 vol. Paris, 1858.

— Institution au droit ecclésiastique, édit Boucher d'Argis, 2 vol. Paris, 1771.

Gaudenzi. — Bibliotheca juridica medii aevi edidit, 3 vol. Bologne, 1888-1901.

Giphanius. — In quattuor libros Institutionum Justiniani commentarius absolutissimus, 1 vol. Strasbourg, 1611.

Glose des Institutes de Turin. — Édit. Savigny (*Histoire du droit romain au moyen âge,* trad. Guénoux, t. IV).

Grand Coutumier de France. — Édit. Laboulaye et Dareste, 1 vol., 1868.

Grotius. — Droit de la guerre et de la paix, trad. par Barbeyrac, 2 vol. Amsterdam, 1729.

Guyot. — Répertoire de jurisprudence, 17 vol. Paris, 1785.

Haenel. — Dissentiones Dominorum, 1 vol. Leipzig, 1834.

Heineccius. — Elementa juris secundum ordinem Institutionum, 1 vol. Lausanne, 1766.

— Recitationes in Elementa juris secundum ordinem Institutionum édit. Dupin, 2 vol. Paris, 1810.

HEINECCIUS. — Antiquitatum Romanarum jurisprudentiam illustrantium syntagma, 1 vol. Francfort, 1741.

HOTMAN. — Opera, 3 vol., 1599-1600.

HOUET DU HAMEL. — Imperatoris Justiniani Institutionum synopsis, 1 vol. Caen, 1737.

IRNERIUS. — Gloses. Édit. Pescatore, 1 vol., 1888; édit. Berta, 1 vol., 1896.

LANCELOT. — Institutiones juris canonici, 1 vol. Lyon, 1587.

LIVRE DE JOSTICE ET DE PLET. — Édit. Rapetti. Paris, 1850.

LORRY. — Institutionum expositio methodica, 1 vol. Paris, 1757.

LOYSEL. — Institutes coutumières. Édit. Dupin et Laboulaye. Paris, 1846.

MAYNO (Jason DE). — Lectura praeclarissima super nodoso de actionibus Institutionum, 1 vol. Lyon, 1513.

— Digesti veteri, infortiati et novi commentaria, 3 vol. Lyon, 1533.

— In Codicem commentaria, 2 vol. Lyon, 1540.

MERLIN. — Répertoire universel et raisonné de jurisprudence, 3e édit., 18 vol. 1807-1821.

ORTO (Anselme DE). — Juris civilis instrumentum. Édit. Scialoja (dans la *Bibliotheca juridica medii aevi de Gaudenzi*, t. II).

PACIUS. — Institutionum Imperialum analysis, 1 vol. Lyon, 1605.

PANORMITANUS. — Commentarii seu Lectura in Decretalium Libros cum additionibus Sebastiani Sapii, etc., 6 vol. Lyon, 1527.

PASQUIER. — Interprétation des Institutes de Justinien, 1 vol. Paris 1847.

PEREZIUS. — Institutiones Imperiales Erotematibus Distinctae, 1 vol. Anvers, 1706.

— Praelectiones in Duodecim libros Codicis Justiniani, 2 vol. Genève, 1740.

PERUSINUS (Rainerius). — Ars Notariae, édit. Wahrmund, t. III.

PETRUS GREGORIUS THOLOSIANUS. — Syntagma juris universi, 1 vol. Lyon, 1597.

PLACENTIN. — In Summam Institutionum sive elementorum Justiniani libri quattuor, 1 vol. Lyon, 1536.

— Summa cum essem Mantuae. Édit. Pescatore, 1 vol. 1897.

POULLAIN DU PARC. — Principes du droit français suivant les Maximes de Bretagne, 12 vol. Rennes, 1770.

POTHIER. — Pandectae Justinianeae, 3 vol. Lyon, 1782.

— Œuvres complètes. Paris, 26 vol., 1821-1824.

PRÉVOT DE LA JANÈS. — Principes de la jurisprudence française, 2 vol. Paris, 1750.

PUFFENDORF. — Le droit de la nature et des gens, trad. par Barbeyrac, 2 vol. Amsterdam, 1734.

— De Officio Hominis et Civis secundum legem naturalem, 1 vol. Utrecht, 1740 (avec notes d'Everard Otton).

QUAESTIONES DE JURIS SUBTILITATIBUS. — Édit. Fitting, 1 vol. Berlin, 1894.

RAVENNE (P. DE). — Compendium Juris canonici, 1 vol. (absque anno et loco).

REINH-VITRARIUS. — Institutiones Juris Naturae et Gentium, 1 vol. Leyde, 1719.

RICARDUS ANGLICUS. — Summa de Ordine Judiciaro. Édit. Wahrmund t. II.

ROGERIUS. — Summa Codicis. Édit. Palmieri (dans la *Bibliotheca Juridica medii aevi de Gaudenzi*, t. I).

SCHILTER. — Praxis in foro Germanico juxta ordinem edicti perpetui et Pandectarum, 1 vol. Francfort-sur-Mein, 1733.

SCHNEIDEWINUS. — In quattuor Institutionum Justiniani libros commentarii, 1 vol. Cologne, 1724.

SCHULTINGIUS. — Notae ad Pandectas. Édit. Smallenberg, 8 vol. Leyde, 1804-1832.

SUMMA CODICIS (TRECENSIS). — Édit. Fitting, 1 vol. Berlin, 1894.

THOMASIUS. — Notae ad singulos Institutionum et Pandectarum titulos, 1 vol. Halle-Magdebourg, 1713.

TIRAQUELLUS. — Tractatus varii, 1 vol. Lyon, 1615.

TITIUS. — Observationes ad Sam. Puffendorfii de Officio Hominis et civis, 1 vol. Utrecht, 1740 (en appendice au traité de Puffendorf).

TRACTATUS DE NATURA ACTIONUM. — Édit. Fitting (*Juristische Schriften*, p. 117-128).

VATTEL. — Question de droit naturel et observations sur le traité du droit de la nature de M. le baron de Wolf, 1 vol. Berne, 1762.

VINNIUS. — Commentarius Academicus et forensis in IV Libros Institutionum, 1 vol. Leyde, 1642.

— Partitiones Juris Civilis, 1 vol. Rotterdam, 1663.

VOETIUS. — Commentarius ad Pandectas, 2 vol. Genève, 1778.

VULTEJUS. — In Institutiones Juris Civilis commentarius, 4e édit., 1 vol. Marbourg, 1613.

WESEMBECIUS. — Paratitla in Pandectas. 1 vol. Bâle, 1572.

WOLF. — Jus naturae methodo scientifica pertractum, 8 vol. Halle-Magdebourg, 1740-1748.

ZAZIUS. — Opera Omnia, 7 vol., 1537-1541 (dont six édictés à Bâle et un à Fribourg-en-Brisgau).

B. — Ouvrages doctrinaux.

BRISSAUD. — Cours d'histoire générale du droit français public et privé, 2 vol. Paris, 1904.

CONRAT. — Geschichte der Quellen und Litteratur im früheren Mittelalter, 1 vol. Leipzig, 1891.

— Die Lex Romana Canonice Compta. Römisches Recht in früher-mittelalterlichen Italien, in systematischer Darstellung, 1 vol. Amsterdam, 1904.

ESMEIN. — Cours élémentaire d'histoire du droit français, 14e édit. Paris, 1921.

FITTING. — Juristische Schriften, 1 vol. Halle, 1876.

FLACH. — Études critiques sur l'histoire du droit romain au moyen âge, 1 vol. Paris, 1890.

HEIMBACH. — Anecdota, 2 vol. Leipzig, 1838.

MAASSEN. — Geschichte der Quellen und der Litteratur des Kanonischen Rechts, 1 vol. Gratz, 1871.

SAVIGNY. — Histoire du droit romain au moyen âge (trad. Guénoux), 4 tomes, 3 vol. Paris, 1839.

SALVIOLI. — Manuale di storia del diritto italiano, 3e édit., 1 vol. Turin, 1899.

SCHUPFER. — Manuale di storia del diritto italiano, 2e édit. Rome, 1895.

TARDIF. — Histoire des sources du droit français. Origines romaines, 1 vol. Paris, 1890.

— Histoire des sources du droit canonique, 1 vol. Paris, 1887.

TOURTOULON (P. DE). — Placentin, sa vie, ses œuvres. Thèse Montpellier, 1896.

VAINBERG. — L'École historique en Allemagne. *Revue pratique de droit,* 1869.

VIOLLET. — Histoire du droit français, 5 vol. Paris, 1884-1903.

VIZIOZ. — L'École du droit naturel et le quasi-contrat. *Rev. crit.,* 1913.

Revues et Périodiques.

ARCHIVIO GIURIDICO. = *Arch. giurid.*

BULLETINO DELL' ISTITUTO DI DIRITTO ROMANO = *Bulletino.*

NOUVELLE REVUE HISTORIQUE DE DROIT FRANÇAIS ET ÉTRANGER = *N. R. H.*

REVUE PRATIQUE DE DROIT.

REVUE CRITIQUE DE LÉGISLATION ET DE JURISPRUDENCE = *Rev. crit.*

ZEITSCHRIFT FÜR RECHTSGESCHICHTE

ZEITSCHRIFT FÜR SAVIGNY-STIFTUNG = *Z. S. St.*

TABLE DES MATIERES

DEUXIÈME PARTIE

La notion du quasi-délit dans l'ancien droit.

BORDEAUX. — IMPRIMERIE CADORET

17, RUE POQUELIN-MOLIÈRE, 17

1927-14.178

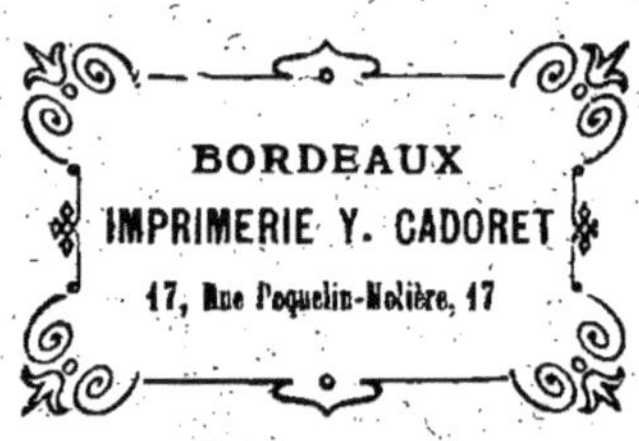

BORDEAUX
IMPRIMERIE Y. CADORET
17, Rue Poquelin-Molière, 17

www.ingramcontent.com/pod-product-compliance
Lightning Source LLC
LaVergne TN
LVHW020520060726
842525LV00004B/1013